Growing Bulbs in the Natural Garden

일러두기

본문에 나오는 식물의 한글 이름은 국립수목원의
국가표준식물목록www.nature.go.kr/kpni/index.do을
최대한 반영하되 불가피한 경우 익히 알려진 유통명
(또는 학명 속명)을 사용하거나 《자연정원을 위한
꿈의 식물》(목수책방)에서 사용한 학명 발음 기준에
따라 표기했다.

구근식물 식재디자인
Growing Bulbs
in the Natural Garden

지은이
자클린 판데어클루트
Jacqueline van der Kloet

옮긴이
최경희

목수책방
木水冊房

들어가는 글

> 정원·조경디자이너로 첫걸음을 떼는 시기에는 식물에 관해 아는 바가 거의 없다. 수업 중에 분명 식물 공부를 한 적은 있지만 대개 교목이나 관목, 몇몇 여러해살이풀만 다룬다. 구근식물bulbs을 공부하는 경우는 아주 드물고 학교를 갓 졸업한 새내기 디자이너 중에 구근식물을 잘 아는 사람의 수는 다섯 손가락 안에 꼽을 정도다. 그나마 배운 적이 있다 하더라도 늘 반복되는 똑같은 종이나 품종일 따름이다.

내 경우는 사정이 달랐다. 디자이너로 일을 시작할 때부터 실험해 볼 수 있는 정원이 있었기 때문이다. 초기에 나의 실험은 여러해살이풀을 조합해 보는 것이었다. 하지만 조금씩 봄 개화 구근식물을 '발견하기' 시작했고, 나아가 또 다른 그룹의 구근식물도 알게 되었다. 그때 이후로 아무것도 나를 멈추게 할 수 없었다. 해마다 리서Lisse에 있는 쾨켄호프Keukenhof 정원으로 순례길을 떠나 미모를 뽐내는 구근식물의 종류와 범위를 확인해 나갔고, 마음에 드는 종을 골라 내 정원에서 실험해 보기 시작했다. 당시 쾨켄호프는 여름 쇼도 진행했다. 나는 거기도 꾸준히 다녔고 구근식물에 관해 얻을 수 있는 많은 정보를 하나도 빠짐없이 받아들였다.

실험 결과를 모든 종류의 프로젝트에 응용했고 점차 '구근 레이디the bulb lady'로 알려지게 되었다. 규모가 큰 정원이나 공원, 임시 전시장 등 구근식물을 돋보이게 사용하려는 모든 곳에서 협업 의뢰가 들어왔다. 구근식물 관련 지식 덕분에 나는 일본, 중국을 비롯해 미국, 스웨덴, 영국, 이탈리아 등 전 세계로 작업 반경을 넓혔다. 그중 몇몇 프로젝트는 이 책에서 좀 더

들어가는 글   005

헬레보루스 오리엔탈리스 *Helleborus orientalis*와
튤립 '데이드림' *Tulipa* 'Daydream'.

자세하게 설명했다. 물론 네덜란드에서 맡은 프로젝트의 기록도 빠트리지 않았다.

내가 가장 최근에 맡은 일은 알메러Almere에서 열린 2022년 플로리아드Floriade 행사장의 구근식물 식재였다. 60여 헥타르약 60만 제곱미터에 달하는 거대한 규모의 프로젝트로 각종 봄·여름 개화 구근식물을 조합해 볼 수 있는 어마어마한 기회였다. 도면을 완성하자 구근식물 식재도 감독해 달라는 요청을 받았다. 알메러 인근 주민들로 이루어진 자원봉사자 그룹이 식재를 도왔는데, 그들은 하나같이 정원에 큰 열정을 보여 주었다. 하지만 그들이 하는 질문으로 미루어 보았을 때 구근식물에 관한 기본 지식을 갖춘 사람이 별로 없었고 자신이 땅에 심고 있는 게 어떤 구근식물인지, 얼마나 깊이 심어야 하는지 모르는 경우조차 있었다.

이런 경험을 한 끝에 한 해 동안 자라는 구근식물에 관한 정보를 개화 순서대로 담아 읽기 쉽고 편리하게 사용할 수 있는 구근식물 안내서를 쓰게 되었다. 《구근식물 식재디자인》은 식재 작업 결과에 흡족해하며 앞으로도 계속 정원을 감탄하며 바라보기를 원하는 알메러의 자원봉사자뿐만 아니라 자신의 정원에서 구근식물로 더 큰 효과를 보기 원하는 모든 사람을 위한 책이다.

자클린 판데어클루트

알리움 아플라투넨세 '퍼플 센세이션' *Allium aflatunense* 'Purple Sensation', 알리움 '글로브마스터 Globe master', 카마시아 레이크틀리니이 '세룰레아' *Camassia leichtlinii* 'Caerulea', 튤립 '블랙 히어로 Black Hero'.

들어가는 글

차례

005 ____ 들어가는 글

1.
기본 정보

017 ____ 구근식물의 역사
021 ____ 꽃이 피는 구근이란?
025 ____ 할 일이 많다고?
029 ____ 초보자를 위한 구근식물 1
033 ____ 초보자를 위한 구근식물 2
037 ____ 식재 도구
041 ____ 색상
043 ____ 흰색
045 ____ 회색과 회녹색
047 ____ 파란색과 청록색
049 ____ 파란색이 제일 좋아
053 ____ 초록색과 연두색
055 ____ 노란색
057 ____ 주황색
059 ____ 누가 주황색을 원할까?
063 ____ 분홍색과 붉은색
065 ____ 자주색과 보라색
069 ____ 애호가를 위한 구근식물 1
077 ____ 애호가를 위한 구근식물 2

2.
식재 준비

083 ____ 계획과 식재
087 ____ 전통적 또는 현대적?
091 ____ 애쓰지 않은 듯 자연스러운
           결과를 얻으려면
093 ____ 여러해살이 구근식물
097 ____ 화단에 심는 여러해살이 튤립
101 ____ 최고의 여러해살이 튤립
107 ____ 잔디밭에 심는 구근식물
111 ____ 2월의 훌륭한 동반식물
115 ____ 3~4월의 훌륭한 동반식물
123 ____ 5월의 훌륭한 동반식물
125 ____ 가을 개화 구근식물

3.
어디서나 심을 수 있는 구근식물

135 ____ 화분에 심기
139 ____ 봄 발코니 식재

143 ___ 여름 발코니 식재

147 ___ 어떤 구근식물을 어디에?

151 ___ 제곱미터당 수량

155 ___ 담장 화단

159 ___ 지붕 녹화용 구근식물

165 ___ 벌을 위한 구근식물

173 ___ 여러해살이 여름 개화
　　　　구근식물

177 ___ 절화용 구근식물

4.
세계 곳곳의
구근식물 식재디자인 사례

185 ___ 쾨켄호프

193 ___ 플로리아드 2022

199 ___ 독일

205 ___ 영국 클럼버파크

213 ___ 미국 루리가든

219 ___ 일본 요코하마 신항 중앙광장

5.
내가 좋아하는
구근식물

229 ___ 봄 개화 구근식물

251 ___ 여름 개화 구근식물

259 ___ 가을과 겨울 개화 구근식물

부록

266 ___ 튤립 분류법

273 ___ 수선화 분류법

278 ___ 역자 후기

281 ___ 식물 목록

기본 정보

1.

안토니 오버만Anthony Oberman이 그린
꽃과 견과가 있는 정물.

구근식물의 역사

출판사에서 구근식물의 역사를 간략하게 소개해 달라고 했다. 마치 비대해진 잎이 알뿌리의 형태로 양분을 저장하여 추위나 열기의 영향을 받으며 수십 종의 서로 다른 꽃을 피워 내는 '구근' 식물을 가리키는 대신 뚜렷한 역사와 명쾌한 정의가 가능한 식물인 양 말이다. 간단히 설명해 달라는 요청을 받았지만 자칫 두툼한 책 한 권이 될 정도의 분량으로 늘어날 여지가 있고 이 책의 목적과는 거리가 있으므로 여기서는 기억에 남을 역사를 지녔기 때문에 늘 입에 오르내리는 두 종류의 구근식물인 튤립과 백합만 선택해 이야기하겠다.

튤립은 단연코 구근식물의 여왕으로 가장 기억에 남을 역사를 지녔다. 튤립은 원래 카자흐스탄 고산지대, 얼음같이 찬 겨울과 덥고 건조한 여름이라는 혹독한 기후 조건에서 자랐다. 카자흐스탄은 16세기에 오스만 제국에 의해 정복을 당했다. 당시의 황제였던 술레이만 1세Suleiman I는 튤립의 기이한 꽃에 매료되어 고국으로 가져와 콘스탄티노플에 있는 자신의 정원에 심었다. 귀한 손님에게 선물로 주기도 했는데 그중에는 오스트리아 대사도 있었다. 그 대사는 빈Wien의 왕실 원예전문가였던 카롤루스 클루시우스Carolus Clusius에게 튤립 구근을 건네주었다.

클루시우스는 레이던대학교University of Leiden의 교수이자 식물원 원장으로 임명되면서 튤립 구근 몇 개를 가져갔다. 레이던식물원에 그 구근을 심었을 때 튤립은 최대 흥밋거리가 되었고, 특히 원예가들의 엄청난 관심을 끌었다. 클루시우스가 판매를 거부하자 도둑맞기도 했는데, 네덜란드 튤립

안셀무스 드 부트 Anselmus Boëtius de Boodt의
그림에 등장하는 마르타곤나리.

시장의 역사는 그렇게 시작되었다. 초기 튤립꽃에는 17세기 렘브란트나 다른 화가들의 그림에서 보이듯 종종 불꽃 같은 무늬가 있었다. 이 무늬는 당시의 어떤 바이러스가 원인이었다. 지금은 '헬마Helmar' '월드 익스프레션 World Expression' 같은 원종에서 나온 10여 종의 변종이 있는데 이 무늬는 유전적으로 결정된다.

백합이 두 번째로 언급할 구근식물이다. 그중에서 특히 마돈나릴리Madonna Lily라 부르는 릴리움 칸디둠Lilium candidum은 기원전 2000년으로 거슬러 올라가 그림이나 책에서 언급되는 가장 오래된 구근식물 가운데 하나다. 그리스·로마의 신부들은 순결과 다산의 상징으로 흰색 백합을 들었다. 백합이 사랑받는 또 다른 이유는 치료 효과 때문이었는데, 꽃과 알뿌리에서 얻을 수 있는 연고와 오일이 다양한 상처 치료에 이용되었다. 1150년경 프랑스 왕 루이 7세Louis VII는 최초로 백합을 문장紋章, 국가나 단체 또는 집안 따위를 나타내기 위하여 사용하는 상징적인 표지으로 사용했으며 오늘날까지 사용되는 프렌치 릴리 또는 '플뢰르 드 리스fleur-de-lis'라는 이미지도 거기서 유래했다. 마돈나릴리는 순수와 처녀성의 상징이자 죽음을 상징하면서 다시 중세에 인기를 얻었다. 구근식물은 수도원이나 수녀원 정원에 자주 심겼고 성모 마리아 그림 속에 등장하여 영원히 남게 되었다. 같은 시기에 알뿌리나 꽃뿐만 아니라 식물의 뿌리와 잎의 치료 효과에 초점을 둔 허브 책들이 등장하기 시작했다. 마돈나릴리 외에도 마르타곤나리Lilium martagon, 오렌지 릴리 Orange lily라고도 부르는 릴리움 불비페룸Lilium bulbiferum 같은 다른 종도 언급되기 시작했다. 지금은 광범위한 종류의 백합이 존재하는데 주로 절화용으로 재배되며, 강한 향기를 싫어하는 사람을 위해 향기가 없는 백합도 판매되고 있다.

크로커스의 구경corm.

꽃이 피는 구근이란?

'구근'이라는 용어는 튤립이나 수선화 Narcissus 처럼 '진정한 꽃 구근'을 가리키는 인경鱗莖, bulb, 비늘줄기, 대부분의 구근이 이에 해당한다뿐만 아니라 구경球莖, corm, 구슬줄기, 알줄기, 괴근塊根, root tuber, 덩이뿌리, 근경根莖, rhizome, 뿌리줄기, 땅속줄기, 괴경塊莖, tuber, 덩이줄기 등을 통틀어서 부르는 말이다괴경은 뒤에 언급되기 때문에 번역자가 임의로 이 문장에 포함시켰다. 혼돈을 줄이려면 '땅속에 양분 저장 기관을 가진 식물'을 의미하는 '지중식물地中植物, geophytes'이라는 표현이 더 잘 어울릴지도 모르겠다. 하지만 편의상 '구근'이라는 용어를 그대로 사용하기로 하자. '진정한 구근'은 보통 공 모양이지만 어떤 경우는 미래의 꽃이 될 지하부가 더 길쭉한 모양일 수도 있다. 미래의 꽃이 될 싹은 이미 구근의 중심에 숨어 있는데, 구근을 절반으로 자르면 볼 수 있다. 그것은 양파처럼 흰색으로 비대해진 잎인 '비늘잎scales'으로 둘러싸여 있다. 이 비늘잎은 어린싹의 성장에 필요한 모든 양분을 저장한다. 외부는 갈색의 얇은 종이 같은 피막으로 덮여 있는데, 이 피막은 비늘잎과 구근을 보호하는 역할을 한다.

구경은 줄기가 비대해져 양분을 저장한다. 비대한 줄기 아래에 기저부가 있고, 전체가 튜닉tunic이라고도 부르는 피막으로 덮여 있다. 구경의 예로는 크로커스Crocus, 무스카리Muscari, 글라디올러스Gladiolus가 있다. 괴근은 뿌리가 비대해져 양분을 저장하며 아네모네 블란다Anemone blanda, 다알리아Dahlia, 구근베고니아Begonia × tuberhybrida 등이 있다. 근경은 대부분 수평으로 누워 양분을 저장하는 땅속 뿌리줄기다. 다양한 붓꽃Iris이나 작약Paeonia, 칸나Canna가

툴리파 삭사틸리스 *Tulipa saxatilis*.

여기에 속한다.

이 모든 사실이 꽤 기술적으로 들릴지 모르지만 알아 두면 유용한 정보다. 그 이유는 종류별로 식재 깊이가 다르기 때문이다. '진정한 구근'은 높이의 2~3배 깊이에 심어야 한다. 예를 들어 4센티미터의 구근이라면 10센티미터 정도 깊이에 심는다. 구경은 5센티미터 깊이에, 괴근은 2센티미터 깊이에 살짝 흙이 덮일 정도로 심는다. 끝으로 근경은 10센티미터 깊이에 수평으로 눕혀 심어야 좋다. 단, 작약은 2센티미터 정도로 얕게 심는다. 구근은 두 번째 층위layer로 화단의 기존 식물들 사이에 추가하는 것이 가장 좋다. 흔히 생각하듯 반드시 봄에 개화하는 구근식물일 필요는 없다. 여름이나 초가을, 늦가을에 개화하는 구근식물도 있다. 이 모든 다양한 그룹의 구근식물에 관한 종별, 색상별, 장소별, 조합별 정보는 물론 기술적인 세부 사항까지 최대한 많은 정보를 이 책에서 다루고자 한다. 이 책의 목적은 구근식물이 꼭 필요한 이유를 보여 주는 것이다. 구근식물은 여느 다른 식물과는 달리 숲자락, 화단은 물론 화분에까지 개성을 부여하며 모든 계절에 정원사가 원하는 분위기를 더해 준다. 구근식물을 실험하며 공부하면 할수록 더욱더 자세히 탐구하는 즐거움을 느끼게 될 것이다.

다알리아 '비숍 오브 캔터베리Bishop of Canterbury'의 진분홍색 꽃과
다알리아 '블루티풀Bluetiful'의 진보라색 꽃이 피어난 여름 화단.

할 일이 많다고?

> 크건 작건 식재 계획을 세울 때마다 나는 꼭 구근식물을 추가하려고 노력한다. 늘 봄 개화 구근식물로 시작하는데, 그 이유는 많은 사람이 다른 계절에 피는 다양한 구근식물에 관해서는 잘 모르기 때문이다. 흔히 구근에 대한 첫 반응은 머뭇거림이다. "구근은 너무 딱딱해요", "노란색 수선화는 싫어요"라는 말이 이어진다.

바로 이 지점에서 봄 개화 구근식물에 관해 좀 더 설명하기 위한 출발점을 찾으려 한다. 구근식물의 예를 보여 주며 1월에 처음 꽃을 피우는 설강화 *Galanthus*, snowdrops와 2월에 크로커스의 꽃을 보는 것은 매우 중요한 희망의 상징임을 강조한다. 하지만 이것은 겨우 시작일 뿐, 이어서 피는 수많은 다른 종은 여러해살이풀이 첫 싹을 채 보여 주기도 전에 정원에 색채를 더한다. 고객을 어느 정도 설득시켰다고 생각하는 순간 다음 말이 이어진다. "그래도 할 일이 너무 많아요." 운이 좋다면 더 자세한 설명을 해 줄 기회가 생긴다. "우선 적은 수로 시작해서 결과가 좋으면 해마다 조금씩 더 늘려 가면 됩니다", "종만 잘 선택하면 한 번 심어서 몇 년간 즐길 수 있어요"라고 설득한다. 많은 종을 작은 개수로 심기보다 몇 가지 종을 대량으로 심는 편이 더 낫다고도 해 주는데, 몇 종만 선택할 경우 한 번도 구근식물을 심어 본 적이 없는 정원에 놀라운 효과를 안겨 줄 수 있기 때문이다. 이 몇 가지 종을 여러 곳에 반복해서 심으면 정원 전체의 조화를 끌어내는 데 성공할 수 있다. 마지막으로 중요한 점은 내년 봄이면 정원 여기저기서 작은 무리로 끊임없이 피어나는 꽃들이 마치 봄에 저절로 열리는 작은 선물 상자

인디언칸나 '오스트랄리아' *Canna indica* 'Australia'가 정원에 화려함을 더한다.

같을 것이라고 자신에게 다짐하며 아름다운 가을에 구근식물을 심으며 보내는 나날이 얼마나 신나는지 꼭 말해 준다.

열에 아홉은 이 말에 열성을 보이며 우선 몇 개만 조심스레 심고 해마다 더 추가해 나간다. 네덜란드 북부의 넓은 숲정원wooded garden의 경우처럼 때로는 지나칠 정도로 많이 심는 일도 생긴다. 처음 심은 구근식물이 자연번식하고 이듬해에 놀라운 결과를 얻게 되면 정원주는 기쁨에 넘쳐 소식을 전해 온다. 작년에 심은 구근식물이 너무 만족스러운 결과를 보여 올해는 만 개의 구근을 추가로 주문했노라고 편지를 보내오기도 한다. 수선화가 만발한 영화 〈닥터 지바고〉의 한 장면 같은 초원 사진을 동봉하고 꼭 구경하러 오라는 초대의 말을 덧붙인다. 결과적으로 나의 미션은 성공인 셈이었다. 이처럼 봄 개화 구근식물이 반드시 할 일이 많음을 의미하지는 않듯이 콜키쿰Colchicum이나 시클라멘Cyclamen, 또는 가을에 꽃이 피는 크로커스처럼 가을이나 겨울에 개화하는 구근식물도 마찬가지다. 단지 여름 개화 구근식물만 시간과 노력이 필요하다. 내한성추위를 견디는 성질 때문에 꽃이 지면 파내야 하기 때문이다. 하지만 다른 한편으로는 여름 개화 구근식물이 지닌 크나큰 장점도 있다. 빠른 결과를 보여 준다는 것이다. 여름 개화 구근식물은 5월에 심으면 6월 말부터 꽃을 볼 수 있다.

① 알리움 우니폴리움 ② 알리움 젭다넨세 ③ 키오노독사 포르베시이 '블루 자이언트'
④ 키오노독사 사르덴시스 ⑤ 크로쿠스 크리산투스 '크림 뷰티' *Crocus chrysanthus* 'Cream Beauty'

초보자를 위한 구근식물 1

구근식물을 한 번도 심어 본 적이 없다면 '키우기 쉬운' 구근식물의 목록이 도움이 된다. 여기에 소개한 구근식물은 심지어 거꾸로 심거나 적정 깊이에 심지 않아도 실패 확률이 매우 낮다. 이런 종류의 봄 개화 구근식물은 다음과 같다.^{학명순}

알리움 아플라투넨세 '퍼플 센세이션' *Allium aflatunense* 'Purple Sensation'	양지	
알리움 코와니이 *Allium cowanii*	양지	
알리움 몰리 *Allium moly*	양지	화분
나폴리부추 *Allium neapolitanum*	양지	
알리움 니그룸 *Allium nigrum*	양지	
알리움 로세움 *Allium roseum*	양지	화분
알리움 스페로세팔론 드럼스틱 알리움 *Allium sphaerocephalon*	양지	
부추 *Allium tuberosum*	양지	
알리움 우니폴리움 *Allium unifolium*	양지	화분
알리움 젭다넨세 *Allium zebdanense*	양지	
키오노독사 포르베시이 '핑크 자이언트' *Chionodoxa forbesii* 'Pink Giant'와 '블루 자이언트' 'Blue Giant'	양지	화분
키오노독사 루실리에 *Chionodoxa luciliae*와 키오노독사 루실리에 '알바' *Chionodoxa luciliae* 'Alba'	양지	화분
키오노독사 사르덴시스 *Chionodoxa sardensis*	양지	화분
크로커스 다양한 종과 품종 *Crocus*	양지	화분

① 게라니움 투베로숨 ② 히아신스 '핑크 페스티벌' *Hyacinthus* 'Pink Festival'
③ 무스카리 아우케리 '매직 화이트' *Muscari aucheri* 'Magic White' ④ 실라 시베리카 *Scilla siberica*

게라니움 투베로숨 *Geranium tuberosum*	양지	
블루벨 흰색, 파란색, 분홍색 *Hyacinthoides*	양지	
무스카리 다양한 종과 품종 *Muscari*	양지	화분
푸시키니아 *Puschkinia*	양지	화분
실라별히아신스 *Scilla*	양지	

① 인디언칸나 '푸르푸레아Purpurea' ② 글라디올루스 칼리안투스 '무리엘레'
③ 글라디올루스 나누스 '님프Nymph' ④ 유코미스 코모사 '스파클링 버건디Sparkling Burgundy'

초보자를 위한 구근식물 2

봄에 이어 여름 개화 구근식물을 소개한다. 내한성이 약해서 개화가 끝나면 캐내어 보관하는 수고를 해야 하지만 몇 종류는 꼭 시도해 볼 만하다.^{학명순}

반그늘에서 자라는 나비사랑초를 제외한 모든 종이 해가 잘 드는 곳을 좋아한다. 날씨가 충분히 따뜻하고 토양이 건조한 편인 이상적인 조건에서 몇 년간 해마다 다시 나타나는 종이 있는데 바로 잉카르빌레아, 옥살리스, 트리텔레이아다.

인디언칸나 Canna indica	화분
유코미스 비콜로르이중색 파인애플 릴리 Eucomis bicolor	화분
유코미스 코모사파인애플 릴리 Eucomis comosa	
글라디올루스 칼리안투스 '무리엘레' Gladiolus callianthus 'Murielae'	화분
글라디올루스 콜빌레이왜성종 글라디올러스 Gladiolus colvillei	
글라디올루스 나누스왜성종 글라디올러스 Gladiolus nanus	
글라디올루스 프리물리누스왜성종 글라디올러스 Gladiolus primulinus	
잉카르빌레아 델라바이이글록시니아 hardy gloxinia Incarvillea delavayi	
옥살리스 데페이행운의 클로버 Oxalis deppei	화분
옥살리스 라시안드라우드 소렐wood sorrel Oxalis lasiandra	화분
옥살리스 레그넬리이자엽 사랑초 Oxalis regnellii	화분
나비사랑초자엽 사랑초 Oxalis triangularis	화분

① 엘위스설강화 ② 스테른베르기아 루테아
③ 흰색나도사프란 ④ 시클라멘 코움

트리텔레이아 락사 *Triteleia laxa*	
툴바기아 비올라세아 *Tulbaghia violacea*	화분

생장기의 마지막에 접어드는 계절인 가을과 겨울에 개화하는 구근식물 차례다. 구근식물의 목록은 더 짧아지지만 각 계절에 맞는 키우기 쉬운 구근식물을 찾을 수 있다. 다음과 같은 가을 개화 구근식물이 있다.

콜키쿰 아우툼날레 *Colchicum autumnale*	양지	
크로쿠스 스페시오수스 *Crocus speciosus*	양지	화분
시클라멘 헤데리폴리움 *Cyclamen hederifolium*	음지	
스테른베르기아 루테아 *Sternbergia lutea*	양지	
흰색나도사프란 *Zephyranthes candida*	양지	

겨울 개화 구근식물로는 아래와 같은 것들이 있다.

시클라멘 코움 *Cyclamen coum*	음지
엘위스설강화 *Galanthus elwesii* var. *monostictus*	양지

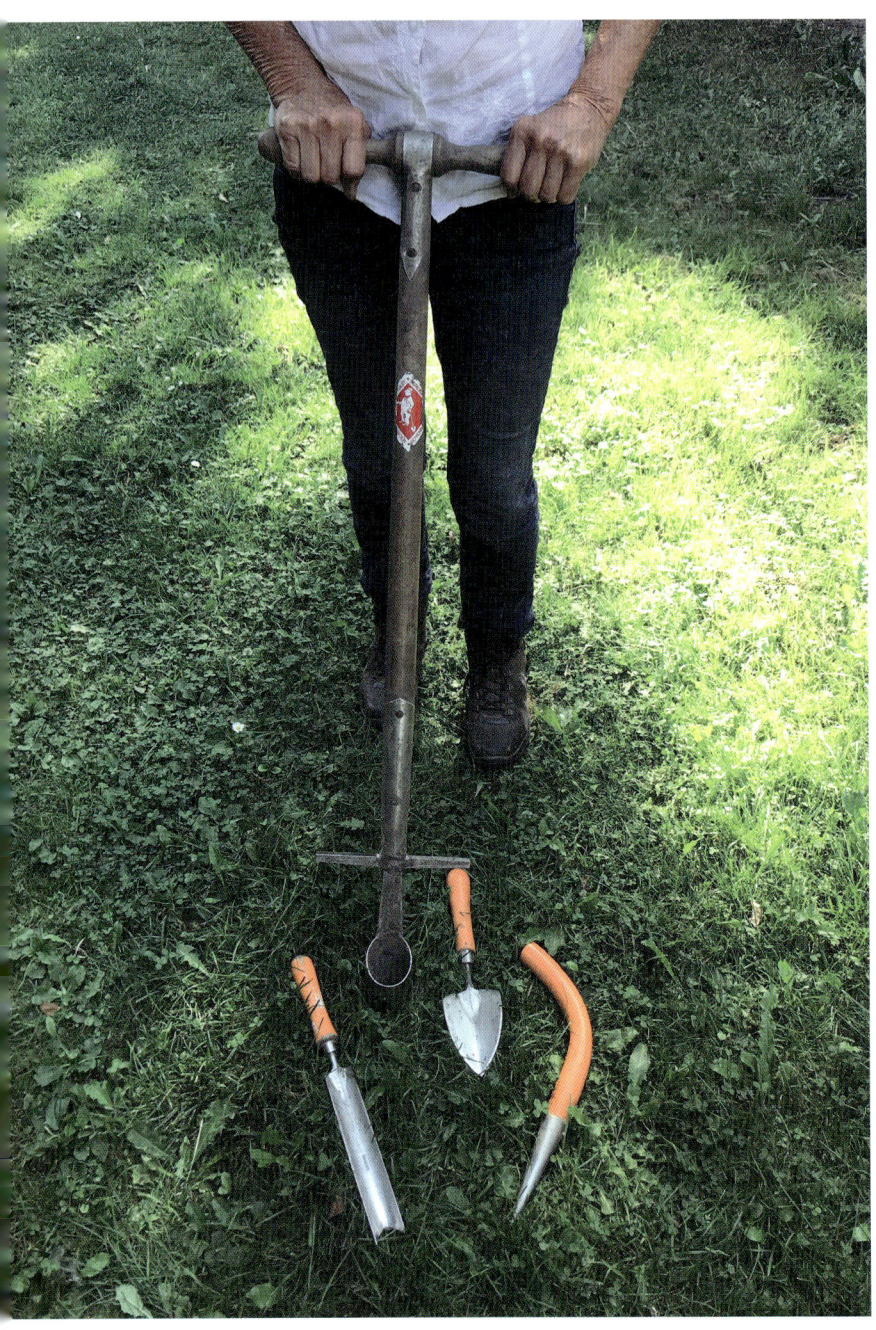

나의 식재 도구들.

식재 도구

구근 심기에 가장 좋은 도구가 무엇인지 종종 질문을 받는다. 이 질문에 정답은 없으며 전적으로 구근의 크기나 모양에 따라 달라진다.

가을만 되면 가든센터에서 '구근 식재 전용 도구'를 선전하는데 실제로는 그다지 쓸모없는 물건이다. 원통형으로 생겼고 아래로 살짝 가늘어지면서 위에는 손잡이가 달려 있다. 이것을 땅속을 향해 누르고 조금 돌린 후 흙이 찬 상태로 다시 들어 올리면 구근 심을 구멍이 마련된다고 한다. 이 도구를 점토질 흙에 사용해 보라. 구멍 파는 일이 엄청 고생스러울 뿐만 아니라 흙을 밖으로 들어내기도 힘들다. 사질 토양에 사용하면 그야말로 재앙이다. 흙이 뭉치지 않아 제대로 된 구멍을 만들기 어렵고 흙의 절반은 바로 구멍 속으로 쏟아질 것이다. 이 도구는 차라리 없는 게 낫다!

개인적으로 좋아하는 네 가지 도구가 있다. 다양한 구근식물의 종류를 고려할 때 필요에 따라 아주 요긴하게 쓸 수 있다. 우선 끝이 뾰족해서 수선화나 무스카리, 패모*Fritillaria*, 설강화, 아네모네*Anemone* 등의 구근을 심기 위한 구멍을 팔 때 좋은 모종삽이다. 다음으로 반원통형의 긴 날에 끝이 둥글고 날카로운 도구가 있는데, 구근을 깊이 심어야 할 때 가장 이상적이다. 그다음으로 일종의 송곳처럼 찔러 구멍을 파는 디버dibber라는 도구가 있다. 금속 소재의 원뿔형으로 끝이 뾰족해서 별로 힘을 쓰지 않고도 잔디에 구멍을 판 후 설강화나 크로커스를 심을 수 있다. 이 도구를 사용할 때 꼭 기억해야 할 점은 바로 옆에 유기농 퇴비를 준비했다가 구멍을 채울 때마다 넣어 주는 것이다. 마지막으로 독특한 튤립 식재 도구가 하나 있다. 솔직히

좀 거추장스럽기는 하지만 크리스토퍼 로이드Christopher Lloyd, 영국의 유명 정원 그레이트 딕스터Great Dixter의 소유주이자 정원사, 정원작가가 사용하던 역사적인 도구를 복제한 모델이라는 말을 들었을 때 사지 않을 수가 없었다. 기다란 막대 끝에 달린 원통형 금속 부위가 아래로 갈수록 가늘어지는데, 땅에 박아 넣어 구멍을 판 후 들어 올리면 된다. 맨 처음 언급했던 끔찍한 도구와 좀 닮아 보이기는 하지만 이 도구의 장점은 여러 개의 구멍을 재빨리 연속적으로 팔 수 있다는 것이다. 먼저 판 구멍에 남아 있던 흙이 다음 구멍을 팔 때 위로 올라와 주기 때문이다. 따라서 똑같은 깊이의 구멍을 여러 개 파고 구멍 옆에 둔 작은 흙덩이는 튤립을 심은 후 바로 구멍 안으로 도로 넣으면 된다. 물론 이 도구를 사용하려면 흙이 어느 정도는 점토질이어야 한다. 사질 토양이라면 흙이 금방 와르르 쏟아져 버릴 것이다. 이 도구는 튤립뿐만 아니라 비슷한 크기의 모든 구근 식재에도 사용할 수 있다.

다알리아 '문파이어Moonfire'가 핀
여름 혼합식재 화단.

색상

> 색상과 색 조합은 상당 부분 정원의 성격을 결정짓는다. 오직 흰색으로 이루어진 정원은 그 단순함과 신선함 때문에 멋있어 보이지만 한편으로는 엄격한 느낌도 준다. 온갖 색으로 이루어진 정원은 명랑한 느낌을 주지만 동시에 혼란스러울 수 있다. 그러므로 작은 공간에서 원하는 결과를 얻으려면 아주 신중해야 하고 의도한 스타일을 만드는 데 도움이 되는 차분하고 조화로운 색 조합을 선택해야 한다.

일반적으로 차가운 색과 따뜻한 색을 구분한다. 흰색, 회색, 그리고 딱히 색이라고 이야기하기 애매하지만 식물 세계에서 쉽게 볼 수 있는 회녹색, 파란색, 청록색, 초록색, 연두색이 차가운 색에 속한다. 노란색에서 주황색, 분홍색과 붉은색에서 자주색과 보라색에 이르기까지 나머지 다른 색이 따뜻한 색에 속한다. 이 두 그룹을 벗어나는 색 대비는 거의 없다. 따뜻한 색과 차가운 색을 조합할 때는 충돌하는 결과를 낳지 않도록 조심해야 한다. 이 말이 작은 정원에 해당한다는 사실을 다시 한 번 강조한다. 넓은 공간이 있는 큰 정원에서라면 한 그룹의 색에서 다른 그룹의 색으로 넘어가기가 더 쉽다. 또 어떤 색을 어디에 사용할지 생각해 보는 것도 도움이 된다. 자주색이나 검붉은색은 그늘이나 어두운 배경에서는 사라진다. 분홍색, 흰색, 노란색이 어두운 곳을 밝혀 주기 때문에 그런 장소에 더 적합하다. 분홍색과 연보라색은 빛이 강한 곳에서는 색이 바래 보이기 때문에 이들을 가장 돋보이게 하려면 붉은색이나 자주색, 또는 초록색 같은 짙은 보조색이 늘 필요하다.

① 튤립 '화이트 트라이엄페이터White Triumphator' ② 카마시아 레이크틀리니이 '알바' *Camassia leichtlinii* 'Alba' ③ 나폴리부추 *Allium neapolitanum* ④ 백합 '헬베티아' *Lilium* 'Helvetia'

흰색

흰색에는 다양한 뉘앙스가 있다. 순백에서 크림색, 초록빛이 도는 흰색, 노란빛이 도는 흰색, 분홍빛이 도는 흰색까지 매우 다양하다. 흰색이 더욱 희게 돋보이려면 진녹색, 회색, 형광빛 노란색 같은 동반색partner colours을 사용하면 훌륭한 색 조합이 된다. 예를 들어 '푸리시마Purissima'나 '화이트 트라엄페이터White Triumphator' 같은 순백의 튤립을 게라니움 마그니피쿰Geranium magnificum의 진녹색 잎이나 브루네라 마크로필라 '시 하트'Brunnera macrophylla 'Sea Heart'의 은회색 잎, 또는 관상용 그라스 밀리움 에푸숨 '아우레움'Milium effusum 'Aureum'의 형광빛 노란색 잎과 조합한다. 크림색이 도는 흰색 튤립 '모린Maureen'과 수선화 '마운트 후드Mount Hood'는 원추리 같은 수많은 여러해살이풀의 밝은 초록색 잎과 잘 어울리고, 초록빛이 도는 흰색 튤립 '스프링 그린Spring Green'은 연하늘빛이 도는 초록색과 함께하면 더욱 두드러지는데 브루네라 마크로필라가 좋은 예다. 노란빛이 도는 흰색은 진한 노란색이나 주황색과 멋지게 어울린다. 꽃이 오래 가고 자연발아가 잘 이루어지는 웨일스양귀비Meconopsis cambrica는 노란빛이 도는 흰색 수선화와 함께 심는다. 분홍빛이 도는 흰색은 더 짙은 색으로 보조하면 완벽한 색 조합을 이룬다. 여름 개화 구근식물로는 다알리아 '티스브룩 오드리Teesbrook Audrey'를 진한 자주색 잎이 나는 관상용 그라스 페니세툼 세타세움 '루브룸'Pennisetum setaceum 'Rubrum'과 조합하면 좋다.

브루네라 마크로필라 '시 하트'

Brunnera macrophylla 'Sea Heart'.

회색과 회녹색

회색과 회녹색은 여러해살이풀과 관목에서 자주 볼 수 있다. 몇 가지 예를 들면 모든 종의 브루네라Brunnera, 램스이어Stachys, 라벤더Lavandula, 우단동자꽃Lychnis, 페로브스키아Perovskia, 아르테미시아Artemisia, 호스타Hosta, 비비추 등이 있다. 회색과 회녹색은 화려한 꽃을 '중화시켜서' 차분하게 엮어 주는 효과를 낸다. 이런 식물은 본격적인 성장기가 늦기 때문에 화려한 색으로 눈길을 끄는 구근식물과 훌륭한 이웃이 된다. 특히 여름 개화 구근식물로 시선을 사로잡는 이중색bicolour의 다알리아와 다른 다알리아 품종들, 테라코타색 잎이 나는 칸나 또는 발랄한 느낌의 아네모네 코로나리아Anemone coronaria 등의 배경으로 적합하다.

회녹색도 많이 볼 수 있는데, 개고사리 '메탈리쿰'Athyrium niponicum 'Metallicum' 같은 고사리 종류, 페스투카Festuca, 블루페스큐나 큰개기장Panicum 같은 관상용 그라스, 휴케라Heuchera, 풀모나리아 '마제스테'Pulmonaria 'Majesté'의 잎 등이다. 가장 일찍 올라오며 3월에 은회색 잎이 급성장하는 풀모나리아는 노란색 왜성종 수선화나 키오노독사 중에서도 대형종인 키오노독사 포르베시이 '블루 자이언트'의 배경으로 탁월한 선택이다. 다른 식물들은 좀 더 늦게 성장을 시작하는데 개고사리나 휴케라처럼 반그늘을 좋아하는 식물은 아래 부위가 그늘에 있는 편을 선호하는 마르타곤나리와 특별히 잘 어울린다. 페스투카와 큰개기장 같은 관상용 그라스는 트리텔레이아Triteleia, 아네모네 코로나리아, 글라디올루스 칼리안투스Gladiolus callianthus 등 햇빛을 좋아하는 여름 개화 구근식물과 조합하면 좋다.

① 아네모네 블란다 '블루 셰이즈Blue Shades' ② 실라 시베리카
③ 연한 파란색 꽃을 피우는 무스카리 아주레움Muscari azureum이 포함된 파란색 조합
④ 무스카리 아르메니아쿰Muscari armeniacum

파란색과 청록색

차가운 색인 파란색은 구근식물과 여러해살이풀에서 다양한 뉘앙스로 나타난다. 무스카리, 카마시아, 실라, 블루벨, 벨레발리아Bellevalia, 아네모네 블란다 등이 진정한 파란색의 좋은 예다. 파란색은 차분한 색이기도 해서 시선을 사로잡는 강렬한 색의 다른 꽃과 조합하기보다는 잎의 색으로 조화를 이루는 식물을 보조식물로 삼는 것이 좋다. 상큼한 노란색 잎이 나는 유포르비아Euphorbia, 대극속나 호스타, 캐러멜색 잎을 지닌 휴케라 같은 식물이 이상적인 파트너다. 약간 밝은 톤의 파란색 꽃이 피는 구근식물이라면 베르게니아Bergenia, 휴케라, 아주가Ajuga처럼 붉은색 잎을 지닌 여러해살이풀이 제격이다.

청록색은 대체로 가라앉고 탁한 느낌의 색이지만 유황빛 노란색, 주황색 또는 이 둘을 모두 만나면 힘을 받을 수 있다. 좀 더 과감한 시도로 분홍빛을 조금만 더하면 주황색과 노란색 조합과도 잘 어울릴 수 있다. 아세나Acaena, 아캐나속, 호스타, 유포르비아 미르시니테스Euphorbia myrsinites가 청록색 잎이 나는 여러해살이풀이며, 향나무Juniperus 종류 가운데 몇몇 지피식물도 있는데 화려한 색과 더해지면 짧은 기간이나마 꽤 매력적이다. 향나무는 침엽수로 1년 내내 똑같은 모습을 유지하기 때문에 지루하기 짝이 없는 식물로 전락하는 경향이 있다. 그 때문에 더더욱 다른 식물과 조합해 줄 필요가 있다. 노란색, 분홍색, 주황색 꽃을 피우는 백합꽃 튤립fluted tulip, 플루티드 튤립은 꽃잎이 길고 끝이 뾰족한 백합꽃 모양의 튤립을 가리킨다과 함께하면 봄에 완벽한 변신이 가능하고, 여름에는 백합, 왜성종 글라디올러스, 크로코스미아Crocosmia, 애기범부채속와 함께하면 생기발랄한 느낌을 더할 수 있다.

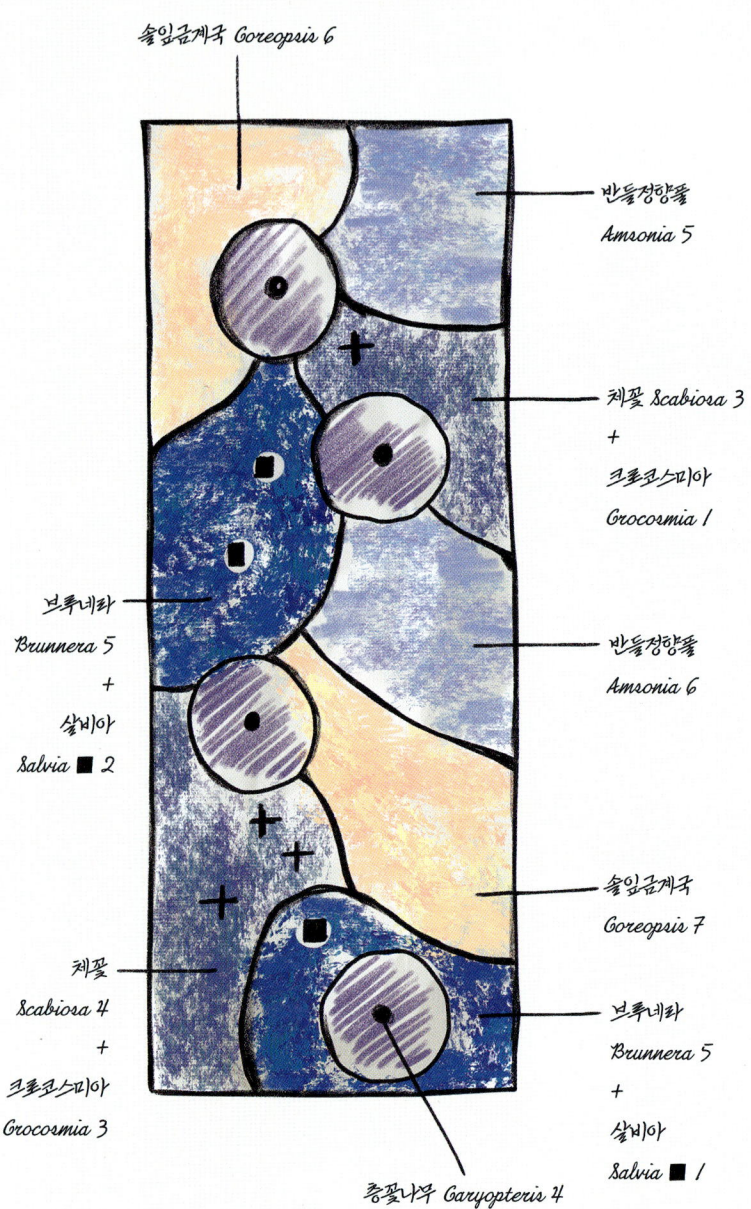

파란색이 제일 좋아

나는 늘 파란색을 좋아해서 옷이나 신발, 그릇, 심지어 식물 선택을 할 때도 파란색을 고른다. 식물계에서 진정한 파란색은 드문 편이다. 파란색이 연보라색 또는 자주색 쪽으로 기우는 경향이 있기 때문이다. 그 결과 진정한 파란색은 찾아다녀야 할 정도로 귀하다. 언젠가 별로 크지 않은 정원에 오로지 파란색 꽃이 피는 식물만 원했던 고객을 위해 적당한 식물을 찾느라 고심했던 경험이 있다. 파란색은 건조하고 차가운 느낌이라 식재 도면에 대비되는 색을 포함하자고 제안했지만, 그 고객은 결코 내 말을 들으려고 하지 않았다. 그런데 실제로는 다른 색을 추가하는 것이 제일 좋은 방법이다. 적게나마 다른 색을 추가할 때 파란색이 훨씬 더 돋보일 수 있기 때문이다. 나라면 유황빛 노란색을 골랐을 것이다. 그 상큼함이 파란색의 효과를 최고로 만들어 주기 때문이다. 왼쪽의 샘플 도면은 파란색 꽃을 피우는 관목과 여러해살이풀에 노란색 터치를 추가해 디자인한 화단으로 크기는 6제곱미터 정도다.

왼쪽의 식재 도면은 이 식물들을 어떻게 배치해야 할지 보여 준다. 관목은 적당한 간격을 두고 여기저기 흩어 심고 한두 종의 여러해살이풀 그룹이 나머지 공간의 여러 곳에 반복적으로 배치된다. 이렇게 기본 틀을 잡은 후 봄 개화 구근식물을 추가하는데, 한 번 심으면 해마다 다시 올라오는 종을 선택하는 것이 좋다. 식재에 가장 좋은 시기는 가을로, 10월부터 심는다.

반들정향풀 *Amsonia illustris*	80센티미터, 5~6월
브루네라 마크로필라 *Brunnera macrophylla*	파란색, 30센티미터, 4~6월

기본 정보

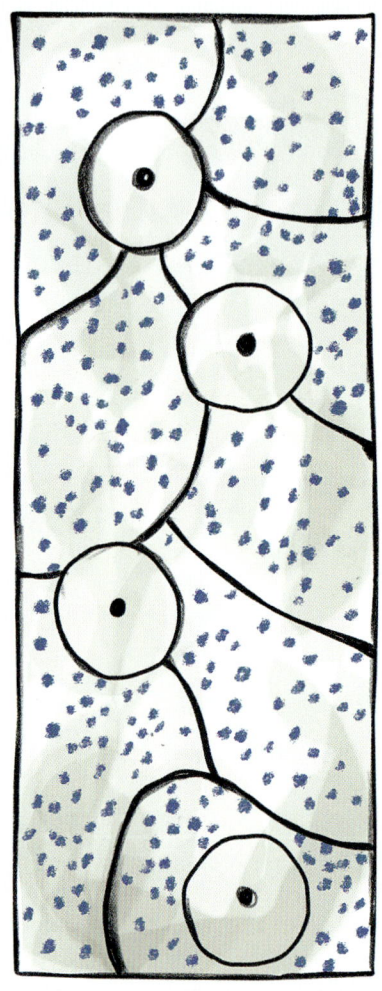

 혼합용 구근 수량

아네모네 Anemone 150
키오노독사 Chionodoxa 100
히아신스 Hyacinthus 50
무스카리 Muscari 100

층꽃나무 '헤븐리 블루' *Caryopteris clandonensis* 'Heavenly Blue'	단정한 왜성 관목, 90센티미터, 8~9월
솔잎금계국 '문빔' *Coreopsis verticillata* 'Moonbeam'	40센티미터, 유황빛 노란색, 6~10월
크로코스미아 '폴스 베스트 옐로' *Crocosmia* 'Paul's Best Yellow'	60센티미터, 밝은 노란색, 7~9월
살비아 울리기노사 *Salvia uliginosa*	12센티미터, 파란색, 7~10월
코카서스체꽃 '퍼펙타' *Scabiosa caucasica* 'Perfecta'	70센티미터, 파란색, 7~9월

3월이나 4월에 개화할 구근식물을 고르면 두 달이나 먼저 정원에서 색을 즐길 수 있고 4월 말에 첫 꽃이 피는 브루네라 같은 여러해살이풀이 개화의 리듬을 이어 나간다. 개화기 순서대로 표시한 다음의 종은 아주 좋은 선택이다.

아네모네 블란다 '블루 셰이즈' *Anemone blanda* 'Blue Shades'	15센티미터, 3~4월, 자연번식 잘함
키오노독사 포르베시이 '블루 자이언트' *Chionodoxa forbesii* 'Blue Giant'	20센티미터, 3~4월, 자연번식 잘함
히아신스 '블루 펄' *Hyacinthus multiflora* 'Blue Pearl'	다화성, 25센티미터, 4월, 향기 있음
무스카리 '발레리 피니스' *Muscari* 'Valerie Finnis'	20센티미터, 4월

구근식물의 수가 많다고 느낄 수도 있지만 이 종들은 한 번에 하나씩 또는 중복해서 꽃을 피우기 때문에 3월부터 줄곧 파란색 톤이 아스라이 화단을 덮는다면 아주 보기 좋을 것이다. 게다가 비교적 가격이 싼 편이며 모두 한 번만 심으면 되는 구근이다. 모든 구근을 한꺼번에 수레에 담아 섞은 후 심기 전에 여러해살이풀 사이에 배치하면 가장 성공적인 효과를 볼 수 있다. 화단 전체에 걸쳐 여러 곳에서 싹이 올라올 것이다.

카마시아 레이크틀리니이 '알바'*Camassia leichtlinii* 'Alba'(봉오리), 웨일스양귀비(주황색), 스미르니움 페르폴리아툼*Smyrnium perfoliatum*(노란빛이 도는 연두색)이 있는 초여름 화단.

초록색과 연두색

중립적인 바탕색인 초록색은 다른 모든 색과 잘 어울린다. 어떤 색은 초록색과 좀 더 잘 어울릴 수 있다. 그것은 초록색의 농도, 즉 진녹색 아니면 연녹색, 또는 그 중간 어디쯤인가에 따라 다르다. 무엇이 어떤 색과 가장 잘 어울리는지 찾아내려면 직접 실험해 보는 게 최선이다.

이제 연두색 이야기를 해 보자. 연두색은 빛이 아직 화사하지 않은 봄날에 선명하게 돋보이는 색이다. 연두색은 초봄에 움트는 수많은 관목의 새싹과 닮았는데, 색으로 치면 이른 봄에는 아주 선명한 편이다가 여름으로 넘어가면서 초록색으로 변한다. 초기의 노란빛 연두색은 알케밀라Alchemilla, 밀리움Milium, 몇몇 유포르비아 종에서 볼 수 있다. 이들 식물은 모두 노란색 또는 주황색 꽃을 피우는 백합꽃 튤립이나, 살구빛 도는 연노란색 만생종 수선화 '사빈 헤이Sabine Hay'와 함께하면 사랑스러워 보인다. 하지만 연두색은 여름에도 제값을 한다. 멋진 연두색 잎을 내고 주황색 꽃이 피는 칸나 '프리토리아Pretoria'는 검붉은색 꽃이 피는 다알리아 '샤 누와르Chat Noir'나 짙은 자주색 잎이 나는 1년생 수크령 페니세툼 세타세움 '루브룸' Pennisetum setaceum 'Rubrum'과 함께 심으면 완벽하게 어울린다.

① 툴리파 실베스트리스 *Tulipa sylvestris* ② 노란색 꽃을 피우는 다알리아 '홍카 Honka'
③ 나르시수스 오도루스 '레굴로수스' *Narcissus × odorus* 'Regulosus'
④ 노랑너도바람꽃 *Eranthis hiemalis*

노란색

밝고 화려한 색인 노란색은 이른 봄에 꽃을 피우는 구근식물에서 흔히 볼 수 있다. 대표적으로 3월 중순에서 5월 중순까지 노란색 꽃을 피우는 다양한 튤립과 수선화가 있다. 이른 봄에 꽃이 피는 여러해살이풀이 아주 적기 때문에 노란색 꽃이 피는 구근식물은 막 돋아나는 숙근제라늄Geranium, 호스타, 매발톱Aquilegia, 여러 종류의 유포르비아의 새싹 또는 헬레보루스 오리엔탈리스의 초록빛 도는 흰색 꽃과 훌륭한 파트너가 된다. 월계분꽃나무Viburnum, 주목yew, 관목형 아이비ivy 같은 상록 관목도 멋진 배경이 된다. 여름으로 넘어가면서 화단에서 노란색의 인기는 떨어지고 파란색, 연보라색, 자주색, 분홍색 등이 사랑받게 된다. 하지만 이것은 좀 안타까운 사실이다. 특히 밋밋한 여름날 노란색은 생기를 더해 주는 색상이기 때문이다. 주황색, 검붉은색, 그라스 등에서 보이는 다양한 초록색 톤을 지닌 식물과 함께하면 멋진 경관을 만들 수 있다. 다채로운 특성과 꽃 모양을 지닌 다알리아, 백합, 칸나, 크로코스미아 등을 온갖 종류의 그라스와 조합하면 훌륭한 양지 화단을 만들 수 있다.

① 튤립 '오렌지 프린셉스Orange Princeps' ② 참나리 '스플렌덴스'*Lilium tigrinum* 'Splendens'
③ 다알리아 '글로리에 판노드빅Glorie van Noordwijk' ④ 크로코스미아 '조지 데이비슨George Davison'

주황색

주황색은 다른 색을 상관하지 않고 홀로 관심을 독차지하려는 색이라는 인식 때문에 사람들이 가장 싫어하는 색이다. 하지만 균형만 잘 잡는다면 전혀 문제가 되지 않는다. 주황색은 진녹색, 청록색, 은회색 식물과 조합하면 환상적으로 연출할 수 있고, 노란색 톤이 포함된 화단에 추가 요소로 사용하면 뜻밖의 분위기를 자아내며 화단에 개성을 부여할 수 있다. 주황색을 주조색으로 정하는 건 무모한 일이다. 그러므로 오리엔탈수크령 '칼리 로즈'*Pennisetum orientale* 'Karley Rose'의 중립적인 초록색에서부터 구릿빛을 발하는 상록 사초인 오렌지사초 '프레리 파이어'*Carex testacea* 'Prairie Fire'에 이르기까지 수많은 초록색과 조합하는 것이 좋다. 꽃이 오래 가는 뱀무 '프린세스 율리아나'*Geum* 'Prinses Juliana' 또는 니포피아 '파이어글로'*Kniphofia* 'Fireglow' 처럼 주황색 꽃이 피는 여러해살이풀을 추가하고, 대비되는 색으로 가우라 '스노버드'*Gaura* 'Snowbird'나 대상화 '오노린 조베르'*Anemone* 'Honorine Jobert' 같은 순백의 꽃이 피는 식물을 고른다. 봄의 하이라이트를 더 추가하려면 흰색과 주황색 꽃을 피우는 튤립, 알리움 니그룸*Allium nigrum*처럼 흰색 꽃이 피는 알리움과 주황색 꽃을 피우는 왕패모 '선셋'*Fritillaria imperialis* 'Sunset'을 심고, 5월에는 선명한 주황색 홑꽃이 피는 다알리아 '비숍 오브 옥스퍼드 Bishop of Oxford'를 심는다. 마술 같은 결과가 나올 것이다!

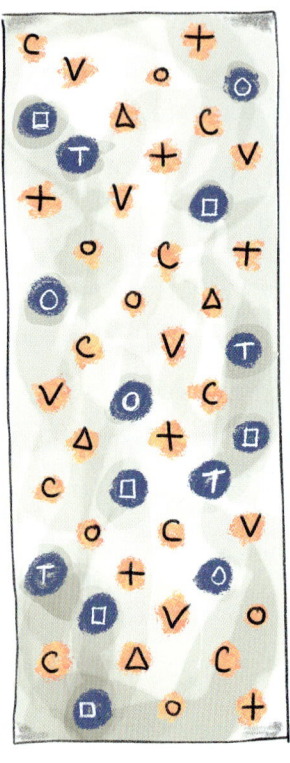 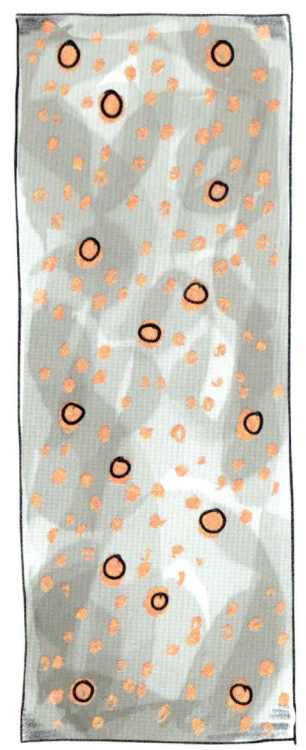

여러해살이풀 혼합제 기본 도편

- ○ 크로코스미아 Crocosmia = 6개
- ✛ 뱀무 Geum = 7개
- △ 애기루드베키아 Rudbeckia = 4개
- V 니포피아 Kniphofia = 7개
- C 오첸지사초 Carex = 9개
- T 가우라 Gaura = 4개
- ▢ 피크난테뭄 Pycnanthemum = 6개
- ● 아네모네 Anemone = 4개

- ∴ 튤립과 알리움 혼합제
- ○ 다알리아

누가 주황색을 원할까?

파란색이 인기가 많은 편이라면 주황색은 열성적인 정원사들 사이에서 그다지 지지를 얻지 못한다. 다른 색으로부터 시선을 강탈하거나 다른 색과 충돌하므로 오로지 '불친절한' 색으로만 여겨진다. 하지만 이런 취급을 받기에는 너무 아쉬운 색이다. 배경색만 잘 선택한다면 주황색은 화단에 온기와 발랄함을 더하며, 너무 흔히 보는 분홍색, 자주색, 파란색 꽃과 조합하면 색다른 분위기로 변화를 일으킨다.

알메러에서 열린 2022년 플로리아드에서 내가 디자인한 화단은 주황색을 주조색으로 삼고 초록색, 갈색, 흰색을 보조색으로 사용했다. 주황색 꽃이 피는 식물 종이 많지 않아서 네 종류를 골라 비교적 많은 수를 심었다.^학명순.

크로코스미아 '트와일라이트 페어리 크림슨' *Crocosmia* 'Twilight Fairy Crimson'	60센티미터, 8~10월, 구릿빛 잎
뱀무 교잡종 '프린세스 율리아나' *Geum* hybr. 'Prinses Juliana'	50센티미터, 5~8월
니포피아 교잡종 '파이어글로' *Kniphofia* hybr. 'Fireglow'	60센티미터, 8~10월
애기루드베키아 '프레리 글로' *Rudbeckia triloba* 'Prairie Glow'	100센티미터, 6~10월

기본 정보   059

구릿빛 톤을 더하기 위해

오렌지사초 '프레리 파이어'	*Carex testacea* 'Prairie Fire'	40센티미터, 1년 내내 구릿빛 잎

순백색으로는

대상화 '오노린 조베르'	*Anemone* hybr. 'Honorine Jobert'	80센티미터, 7~10월
가우라 '스노버드'	*Gaura lindheimeri* 'Snowbird'	80센티미터, 6~10월
피크난테뭄 테누이폴리움	*Pycnanthemum tenuifolium*	40센티미터, 7~10월, 벌 밀원식물

58쪽 왼쪽 도면은 이 종들의 배치를 보여 준다. 거대한 꽃다발처럼 보이도록 무작위로 식재했다. 여기서도 봄 개화 구근식물을 추가했는데, 주황색을 위주로 하되 흰색을 작은 비율로 추가했다. 다양한 초록색 톤을 나타내는 여러해살이풀의 잎을 바탕 삼아 색의 향연이 펼쳐진다152쪽 사진 참고. 수레에서 모든 구근을 함께 섞은 후 여러해살이풀 사이에 무작위로 흩뿌리고 난 후 구근이 떨어진 위치에 심는다.

툴리파 프레스탄스 '쇼군'	*Tulipa praestans* 'Shogun'	원종튤립, 40센티미터, 4~5월, 주황색
튤립 '발레리나'	*Tulipa* 'Ballerina'	키 큰 원예종 튤립, 70센티미터, 4~5월, 주황색
튤립 '화이트 트라이엄페이터'	*Tulipa* 'White Triumphator'	키 큰 원예종 튤립, 70센티미터, 5월, 흰색
알리움 니그룸	*Allium nigrum*	80센티미터, 5월, 흰색

원종튤립은 해마다 다시 필 것이고, 튤립으로는 최고의 선택인 두 종류의 키 큰 원예종 튤립도 15센티미터 깊이로 심는데, 꽃이 시든 후 바로 잘라 준다면 해마다 다시 필 것이다. 튤립의 장수 비결은 꽃이 거의 죽었을 때 시든 꽃만 자르고 줄기는 최대한 오래 남겨 두는 것이다. 알리움꽃도 해마다 다시 피어 시간이 지나며 자연번식한다. 주황색 다알리아 '비숍 오브 옥스퍼드'홑꽃, 90센티미터, 적갈색 잎는 5월에 심으면 여름에 꽃을 풍성하게 피운다. 하지만 서리에 약하기 때문에 해마다 다시 심어야 한다.

봄 화단에서 화려한 붉은색 꽃을 피우는
튤립 '퍼레이드Parade'.

분홍색과 붉은색

분홍색은 부드럽고 눈에 거슬리지 않는 색이지만 빛이 강한 곳에서는 색이 바랜다. 따라서 색의 진가가 제대로 발휘되려면 반그늘에서 사용하는 편이 좋다. 키오노독사 포르베시이 '핑크 자이언트'가 그런 곳에 적합하다. 연자주색 꽃에 진자주색 잎이 바닥을 덮으며 자라는 제비꽃인 비올라 라브라도리카*Viola labradorica*와 함께 심으면 더욱 예쁠 것이다. 반그늘은 여름에 분홍색 꽃이 피는 구근베고니아를 키우기에도 좋다. 흙은 얕게 덮고 물을 많이 주어야 하는데, 이 조건만 충족시키면 여름 내내 꽃이 필 것이다.

붉은색은 가장 따뜻한 색으로 눈에 거슬리거나 시선을 끌 수도 있다. 어떤 붉은색을 선택하느냐가 중요하다. 소방차의 붉은색은 짙은 붉은색과는 사뭇 다른 느낌을 주기 때문이다. 지나치게 강렬한 톤을 가볍게 하려면 붉은색을 초록색, 청록색, 갈색이나 은회색 잎과 조합하는 것이 좋다. 그렇게 하면 다알리아나 칸나의 붉은색이 주변에 있는 다양한 색상의 일부로 인식되어 시선을 독차지하는 일이 줄어들 것이다. 붉은색 튤립은 주로 홀로 피기 쉽다. 4~5월에 올라오는 여러해살이풀의 초록색 잎 외에는 다른 색이 없기 때문이다. 그것도 나쁘지는 않지만, 붉은색과 흰색이 불꽃무늬로 섞인 튤립이나 아주 연한 분홍색 튤립을 함께 섞어 심으면 눈에 거슬리는 정도가 약해질 것이다.

① 게라니움 투베로숨　② 알리움 '바이올렛 뷰티Violet Beauty'
③ 콜키쿰 '워터릴리'

자주색과 보라색

자주색purple도 뉘앙스가 매우 다양하다. 연보라색에서 진한 적포도주색까지, 다시 말해 차가운 톤에서 시작해 따뜻한 톤의 색조로 끝나는 넓은 범위의 단계적 변화를 보여 준다. '따뜻한 색조'는 그 자체로는 노란색이나 주황색과 어울리지 않는데, 이런 색은 자주색과 그다지 잘 맞지 않기 때문이다. 자주색의 범주에 드는 모든 색과 무엇보다 잘 어울리는 색은 분홍색과 붉은색이다. 봄 개화 구근식물 중에 눈길을 사로잡는 자주색은 대부분 알리움에서 볼 수 있다. 실제로 자주색 꽃을 피우는 모든 알리움이 살비아 네모로사 '마이나흐트'*Salvia nemorosa* 'Mainacht', '오스트프리슬란트Ostfriesland', '카라도나Caradonna' 등 개화기가 거의 같은 살비아 종류와 이웃하면 아주 잘 어울린다. 색상 면에서는 알리움과 조화를 이루면서 꽃의 형태는 완전히 다르기 때문이다. 살비아의 가느다란 꽃대가 알리움의 커다란 공 모양 꽃차례와 멋진 대비를 이룬다. 자주색 알리움과 함께 심으면 좋은 추천 식물은 키 큰 줄기에 자주색 꽃이 피는 루나리아 아누아*Lunaria annua*, 또는 붉은색 잎이 나는 변종인 '체드글로Chedglow'다. 여름에 자주색은 역시 다알리아에서 볼 수 있는데, 분홍색 꽃을 피우는 부처꽃*Lythrum* 종류인 리트룸 비르가툼*Lythrum virgatum*과 잘 어울린다. 가을에 분홍색 꽃을 피우는 아스터*Aster*인 아스테르 아멜루스 '로자 에어퓔룽'*Aster amellus* 'Rosa Erfüllung' 또는 11월까지 개화가 이어지는 개미취 '진다이'*Aster tataricus* 'Jindai'도 좋다.

소박하고 따뜻한 색인 보라색violet은 우리의 색상 이야기를 마무리 짓기에 적합하다. 수많은 다른 색이 시선을 사로잡는 여름 정원에서 보라색은 흔히 배경이 되어 흐릿해지곤 한다. 하지만 9월이 오고 정원의 분위기가 차

버들마편초 *Verbena bonariensis*와 함께 핀
다알리아 '카르마 라군 Karma Lagoon'.

분해지면 콜키쿰 '워터릴리'*Colchicum* 'Waterlily'의 보라색 꽃이 갑자기 한눈에 쏙 들어온다. 내 정원에서는 이미 개화가 끝났지만 잎이 여전히 매력적인 숙근제라늄 '존슨스 블루Johnson's Blue'와도 잘 어울린다. 숙근제라늄은 그런 식으로 튀지 않으면서 적절한 바탕을 제공한다. 보라색과 초록색은 늘 눈에 보여야 한다!

아네모네 네모로사 '로빈소니아나' *Anemone nemorosa* 'Robinsoniana'.

애호가를 위한 구근식물 1

앞에서 살펴보았듯이 초보자가 키우기 쉬운 구근식물은 아주 많다. 그래도 장소가 건조한지 습한지, 열린 공간인지 비바람을 막아 줄 수 있는지 등의 특정 재배 환경 때문에 이보다 좀 더 주의를 요하는 구근식물이 있다. 하지만 조금이라도 경험이 있다면 쉽게 해결할 수 있으므로 키우기 어렵지는 않다. 다음의 목록은 알아 두어야 할 특징이 있는 구근식물을 정리한 것이다. 재배 조건을 미리 파악한다면 실패할 확률은 낮아진다.

가을에 심는 봄 개화 구근식물 학명순

— 알리움 트리쿠에트룸 삼각 부추 *Allium triquetrum*
습한 토양에서는 마구 번지기 쉽다. 풀을 닮은 잎도 상록성이어서 모든 사람의 취향에 맞지는 않는다.

— 나도산마늘 야생 산마늘 *Allium ursinum*
역시 토양의 습기가 충분하며 관리를 하지 않는 곳이라면 마구 번질 수 있다. 꽃이 진 후 오랫동안 누렇게 변해 가는 잎이 보기 싫지만 다행히 잎은 초봄에 먹을 수 있다. 이 알리움을 꼭 심고 싶다면 구매하자마자 바로 심는다. 그렇지 않으면 쉽게 말라 버리기 때문이다.

① 마르타곤나리 '알붐' *Lilium martagon* 'Album' ② 얼레지 '파고다' *Erythronium* 'Pagoda'
③ 코리달리스 솔리다 *Corydalis solida*

—— 아네모네 블란다 *Anemone blanda*

단단하고 바짝 마른 구경이라 식재 전날 밤새 물에 담가 불려 준다. 수분을 잔뜩 머금게 되면 일찍 싹이 나는 데 도움이 된다.

—— 아네모네 코로나리아바람꽃 *Anemone coronaria*

역시 구경을 밤새 불려 주어야 한다. 보통 식재 후 12주 만에 꽃이 피지만 변덕을 부릴 수도 있는 종이어서 정확한 예측은 어렵다. 하지만 이 말은 뜻밖의 시기에 꽃이 필 수도 있음을 의미한다.

—— 아네모네 네모로사들바람꽃 *Anemone nemorosa*

뿌리줄기가 빨리 마르기 때문에 구매한 후 바로 심어야 한다.

—— 코리달리스 *Corydalis*

모든 종은 쉽게 마르기 때문에 구매한 후 바로 심어야 한다.

—— 시클라멘 *Cyclamen*

모든 품종이 몇 시간 정도 물에 불려 주면 빨리 뿌리를 내리는 데 도움이 된다. 지표면 바로 아래 깊이에 약간 비스듬히 심어 빗물이 괴경의 움푹 파인 곳에 스며들지 않도록 주의한다. 석회질 토양을 좋아하기 때문에 달걀 껍데기를 빻아서 뿌려 준다.

—— 노랑너도바람꽃너도바람꽃 *Eranthis*

구매 즉시 몇 시간 정도 괴경을 물에 담가 두면 빨리 뿌리를 내릴 수 있다. 물에서 꺼낸 후 바로 심는다.

왕패모 '오로라' *Fritillaria imperialis* 'Aurora'

—— 얼레지 *Erythronium*

역시 빨리 마르기 때문에 모든 품종을 구매 즉시 심는다.

—— 왕패모 *Fritillaria imperialis*

구근에 구멍이 있으므로 빗물이 들어가 썩지 않도록 옆으로 눕혀서 심는다.

—— 사두패모 *Fritillaria meleagris*

역시 건조 우려 때문에 구매 즉시 심어야 한다.

—— 설강화 *Galanthus*

모든 종이 땅에서 캐내면 곧장 마르기 때문에 일찍 심는 것이 좋다. 만약에 구근이 마른다면 식재 첫해에는 꽃이 거의 없거나 많이 피지 않을 것이다. 9월 마지막 두 주가 심기에 가장 이상적인 시기다.

—— 블루벨 *Hyacinthoides*

너무 빨리 번져 오직 넓은 지역에만 적합하다. 넓적하고 거친 잎이 개화 후 누렇게 변하며, 오랫동안 남아 있어 눈에 거슬린다. 작은 정원에서라면 그다지 보기 좋지는 않을 것이다.

—— 백합 *Lilium*

백합 중에서 마돈나릴리*Lilium candidum*와 마르타곤나리는 가을에 심어야 하지만 모든 다른 백합은 봄에 심는다. 마돈나릴리는 지표면 바로 아래에 심고 2센티미터가 안 되게 흙을 덮는다.

튤립 '플레이밍 플래그'Flaming Flag.

―― 수선화 *Narcissus*

모든 종과 품종이 어느 정도 습기가 있는 토양에서 잘 자란다는 사실만 제외하면 '키우기 쉬운' 구근식물로 분류된다. 너무 건조한 토양에서는 제대로 꽃을 피우기가 어려울 것이다.

―― 튤립 *Tulipa*

우선 야생튤립이라고도 부르는 원종튤립과 키가 큰 원예종 튤립으로 구분할 필요가 있다. 원종튤립은 너무 건조하거나 토탄질 산성 토양peaty soil을 제외하면 비교적 키우기 쉽다. 이 조건만 피한다면 원종튤립은 양지바른 곳에서 해를 거듭하며 피어날 것이다. 키가 큰 원예종 튤립도 너무 건조하거나 산성인 토양을 좋아하지 않으며, 햇빛을 많이 받아야 한다. 하지만 대체로 수명이 짧은 편이라 보통 한 계절만 꽃이 피는데 이듬해에 계속 꽃을 보려면 많은 시간과 정성을 들여야 한다. 97쪽의 '화단에 심는 여러해살이 튤립'이라는 부분에서 더 자세하게 다룬다.

―― 실라 *Scilla*

구매 후 즉시 심어야 하며 10월 중순까지 심는 것이 가장 좋다.

다알리아 '카르마 초크Karma Choc'.

애호가를 위한 구근식물 2

봄에 심는 여름 개화 구근식물

—— 크로코스미아 *Crocosmia*

젖은 토양을 좋아한다. 특히 식재 직후 초기 성장 단계에서 습기가 아주 중요하므로 필요할 경우 물을 더 추가해 준다. 심은 해에 꽃을 보려면 일찍 심어야 한다. 늦어도 3월을 넘기지 말아야 한다.

—— 다알리아 *Dahlia*

모든 종은 온실에서 시작하여 5월 중순 무렵 밖에 옮겨 심을 수 있다. 하지만 5월부터 마른 괴근을 심어도 된다. 싹이 빨리 나도록 몇 시간 물에 담근 후 흙을 얕게 덮어 심는다. 괴근이 최대한 밖을 향하도록 펼쳐 주고 묵은 꽃대 하나가 땅 위로 올라오도록 주의하면서 위만 살짝 덮는 느낌으로 심는다. 다알리아는 많은 양분을 요구하므로 식재 전에 파둔 구멍에 넉넉하게 퇴비를 추가해야 한다. 개화기에는 규칙적으로 시든 꽃을 제거해서 개화가 끊임없이 이어지도록 해 준다. 다알리아는 내한성이 떨어지므로 첫서리가 내릴 때 캐내면 괴근이 계속 성장하는 것을 막을 수 있다. 더 일찍 캐내면 성장이 이어져 에너지를 소모해 버리기 때문이다.

—— 백합 *Lilium*

마돈나릴리와 마르타곤나리를 제외한 모든 종을 봄에 심는다. 15센티미터 정도로 깊게 심고 아래 부위가 여러해살이풀이나 관목 사이에서

① 아마리네 '아프로디테' *Amarine* 'Aphrodite'
② 네리네 '엘레강스' *Nerine* 'Elegance'

시원하게 유지되도록 신경을 써야 한다. 백합 대부분은 내한성이 강해서 해를 거듭하며 계속해서 피어난다.

─── 네리네 *Nerine*
아마리네 *Amarine*

이 멋진 두 구근식물의 재배는 약간의 운이 따라야 한다. 네리네는 영국 건지섬에서 자생하기 때문에 '건지 백합Guernsey lily'으로도 알려져 있다. 아마리네는 아마릴리스와 네리네의 교잡종으로 남향의 담벼락 같은 따뜻한 곳에서 잘 자란다. 커다란 구근의 좁다란 '목' 부분이 위를 향하게 해서 지상으로 올라오도록 심는다. 9월에 개화하면 눈이 의심스러울 정도로 아름답다.

식재 준비

2.

자주색 백합꽃 튤립 '퍼플 드림Purple Dream'을 포함한
자주색 혼합식재 화단.

계획과 식재

개인 정원이나 테라스에서 구근식물을 키우고 싶을 때 직접 보고 영감을 얻을 곳이 있으면 좋다. 어떤 결과가 나오는지 확인하면서 원래 계획을 수정할 수도 있기 때문이다. 가을이나 겨울 개화 구근식물의 경우는 사정이 다른데 그 수가 많지 않아서다. 정원에서 구근이 자랄 위치를 제대로 고르거나 적절한 화분을 준비하는 것이 중요하다. 봄 개화 구근식물을 사용하는 방법은 무궁무진하므로 어디선가 영감을 얻어 보는 것도 나쁘지 않을 것이다.

예를 들어 해마다 봄이면 네덜란드 호로닝언 Groningen 동부 '꽃 피는 구근식물 가도 flowering bulb route'에 있는 네 개의 정원을 방문할 수 있다 www.hettuinpadop.nl. 정원주마다 각자 개성을 발휘해서 봄 개화 구근식물을 심기 때문에 정원별로 완전히 다른 면모를 볼 수 있는 기회다. 특별히 봄꽃 때문에 방문 가치가 있는 정원의 목록을 수록한 네덜란드 정원 재단 Dutch Garden Foundation, www.tuinenstichting.nl이 발간하는 소책자도 있다. 그런 곳을 방문하여 아이디어를 구하고 자신만의 식재 도면을 그려 보도록 한다.

도면의 윤곽이 잡히면 구근식물을 주문할 때가 오는데 너무 오래 기다리면 안된다. 원하는 품종이 일찍 매진되어 내년을 기다릴 수밖에 없는 실망스러운 상황을 초래할 수도 있기 때문이다. 봄 개화 구근식물은 6월부터 주문할 수 있으므로 그때가 최적기다. 예약주문을 한 후 가을 배송을 기다리면 된다. 눈 깜짝할 사이에 시간은 흐르고 곧 9월이 다가온다. 이때가 바로 첫 구근식물을 심을 수 있는 시기인데 설강화가 거기에 해당한다. 설

강화는 땅에서 파낸 후에는 금방 마르기 때문에 제일 먼저 심어 주는 게 좋다. 구근이 말랐다면 개화가 제대로 안 되거나 식재 첫해에는 아예 꽃을 못 볼 수도 있다.

설강화 다음으로는 봄에 꽃이 피는 아네모네, 키오노독사, 코리달리스, 크로커스, 노랑너도바람꽃, 얼레지, 푸시키니아, 실라 등과 같은 다른 작은 구근을 심을 수 있다. 얼레지, 코리달리스, 노랑너도바람꽃 같은 몇몇 구근식물은 지상에서 빨리 마르기 때문에 10월에 심는 것이 가장 이상적이다.

구근은 지상의 온도가 섭씨 5도에서 10도 사이일 때 뿌리 시스템이 형성되는데, 대체로 10월이면 이 정도의 온도에 달한다. 구근이 빨리 뿌리 내리게 하는 데에는 수분도 하나의 주요 요인으로 작용한다. 그러므로 얼마간 비가 오지 않는다면 물 주기도 신경 써야 한다. 일단 구근이 뿌리를 내리면 영하의 기온도 견딜 수 있다.

10월의 후반 2주 동안은 수선화를 비롯하여 다양한 종류의 구근을 심을 수 있다. 카마시아, 패모왕패모 *Fritillaria imperialis*와 사두패모 *F. meleagris* 포함, 블루벨, 은방울수선여름 스노플레이크, *Leucojum*, 무스카리 등이 이 시기에 해당한다.

이어서 11월이면 튤립의 차례가 오는데 야생튤립이라고도 부르는 원종튤립이나 다양한 품종의 원예종 튤립이 있다. 튤립은 땅이 좀 차가워질 때를 선호한다. 토양이 너무 따뜻하면 병균이 번식할 수도 있기 때문이다. 마지막으로 히아신스와 알리움은 곧 서리가 내리지 않는다는 전제 아래 12월에 심는 것이 가장 좋다.

전통적 또는 현대적?

> 네덜란드의 농가에서는 지금도 앞뜰이 농장의 다른 구역과 마찬가지로 깔끔하게 정돈되어 있는 모습을 종종 볼 수 있다. 자갈길도 깨끗하고, 산울타리는 가지런하게 다듬어졌으며, 화려한 색의 몇몇 식물이 해마다 같은 자리를 지킨다. 식물 종이 많지도 않아서 라일락lilac 한 그루, 작약peonies 한 무더기, 약간의 아스터가 미역취Solidago와 뒤섞인 장면이다. 주변의 흙은 말끔하게 빗질을 해 놓아서 맨땅에는 검은 흙만 보일 뿐 잡초라곤 흔적조차 없다.

이런 곳의 정원에는 해마다 전통적인 방식으로 구근식물을 심는다. 종류별로 일정한 간격을 두고 모아 심되, 붉은색 튤립꽃, 커다란 나팔corona이 달린 노란색 수선화꽃, 그리고 연자주색 히아신스꽃의 조합처럼 최대한 보색을 많이 사용한다. 사람마다 취향은 다른 법이라 이런 정원을 평가할 생각은 없지만 내가 좋아하는 방식은 더욱 자연스러워 보이도록 연출하는 현대식 정원이다.

내가 이상적으로 여기는 정원은 나중에 추가한 구근식물이 기존의 우아한 식물들과 잘 어우러져서 애써 만든 느낌이 전혀 들지 않는 정원이다. 식물의 외모나 키, 색상이 조화를 이루어 마치 원래부터 그렇게 자연스럽게 자란 것처럼 보이는 곳 말이다. 나는 이런 정원에 연속적으로 개화하는 구근식물 혼합체를 심는 것을 좋아한다. 그렇게 하면 이른 봄부터 시작하여 같은 자리에서 단계적으로 계속 꽃이 피는 풍경을 보장할 수 있다. 개화가 끝난 구근은 새롭게 올라오는 여러해살이풀 사이로 서서히 사라질 것이다.

자연번식에 적합하거나 수년 동안 계속 개화를 보장하는 구근식물로 혼합체를 만들면 가장 큰 효과를 볼 수 있다. 한 번만 심으면 장기간 즐길 수 있기 때문이다.

떨어진 지점에서 식재를 기다리는
다양한 구근.

애쓰지 않은 듯 자연스러운 결과를 얻으려면

실제로 이 말의 뜻은 선택된 구근식물을 수레에 담아 섞은 후 적당한 크기로 여러해살이풀 사이에 던져 놓으라는 말이다. 우선 정원에 이미 식재한 식물을 최대한 짧게 잘라 주어야 한다. 그렇게 하지 않으면 구근이 어디로 갔는지 찾기 어렵다. 장기적인 식재 계획에 따라 심은 구근식물은 해마다 다시 올라오기 때문에 식물 자르기는 단 한 번만 해 주면 된다. 구근을 이렇게 던지면 10여 개의 구근이 함께 모여 떨어지기도 하지만 두세 개 구근만 모이기도 한다. 중요한 점은 반드시 떨어진 장소에 심어야 한다는 것이다. 그래야 이듬해 봄에 구근식물이 만들어 내는 패턴이 훨씬 자연스럽기 때문이다. 이렇게 심으면 첫 구근식물의 개화를 시작으로 매주 꽃을 보는 즐거움을 누릴 수 있다. 구근식물의 꽃이 피는 순간이 이어지는 동시에 여러해살이풀이 서서히 기지개를 켜는 장면이야말로 이른 봄의 정원을 참으로 흥미롭게 만들어 준다.

식재를 하기 전에 작은 구근의 경우 위아래를 특별히 신경 쓰지 않아도 된다는 점을 기억하자. 작은 구근은 늘 스스로 알아서 땅 위로 싹을 올리기 때문이다. 뾰족한 윗부분과 아래의 뿌리 부분이 두드러지는 더 큰 구근은 반드시 뿌리를 아래로, 생장점이 위로 가도록 심어야 한다. 하지만 왕패모처럼 늘 유별난 친구가 있기 마련이니 주의가 필요하다. 왕패모 같은 구근식물은 구근에 구멍이 있으므로 빗물이 스며들어 구근이 썩지 않도록 옆으로 눕혀서 심어야 한다.

튤립 '카르나발 드 니스Carnaval de Nice'가 포함된
붉은색과 흰색 조합 화단.

여러해살이 구근식물

> 뒤에서 수명이 긴 여러해살이 튤립에 관해 자세히 다루기 때문에 여기서는 튤립을 제외한 다른 여러해살이 구근식물을 살펴보도록 하겠다. 내 경험에 비추어 보았을 때 열성적인 정원사조차도 어떤 구근식물을 땅에 그대로 둘지, 어떤 걸 캐내야 할지 제대로 모르고 있는 경우가 많았다.

아래에 나열된 종은 우수한 여러해살이 구근식물로 심은 후 개화가 끝나도 그대로 땅속에 두면 된다. 자신들이 알아서 스스로를 보살피며 어떤 종은 개수를 불리는데 이것이 바로 '자연번식'의 의미다.

봄에 꽃이 피는 여러해살이 구근식물

가을에 9월 말부터 시작하여 12월까지 심는다. 개화 순서대로 가장 키우기 쉽고 널리 알려진 종은 다음과 같다.

- 설강화 *Galanthus*
- 수선화 *Narcissus*
- 크로커스 *Crocus*
- 알리움 *Allium*
- 무스카리 *Muscari*

좀 덜 알려졌지만 해마다 다시 피는 믿을 수 있는 구근식물로는 아래와 같은 것들이 있다.

- 노랑너도바람꽃 *Eranthis*
- 아네모네 *Anemone*

백합 '브루넬로Brunello'.

- 실라 *Scilla*
- 키오노독사 *Chionodoxa*
- 푸시키니아 *Puschkinia*
- 코리달리스 *Corydalis*
- 은방울수선 *Leucojum*
- 블루벨 *Hyacinthoides*
- 향기별꽃 *Ipheion*
- 벨레발리아 *Bellevalia*

여름에 꽃이 피는 여러해살이 구근식물

여름 개화 구근식물은 서리에 약하므로 5월부터 심고 11월에 다시 캐내야 한다. 다알리아는 의문의 여지가 있는데 기후변화로 겨울 기온이 점차 올라가기 때문에 때로는 땅에 두어도 문제가 없기도 하다. 하지만 의문의 여지는 있으므로 위험을 감수할 사람만이 선택할 정보다.

- 다알리아 *Dahlia*
- 백합 *Lilium*

가을에 꽃이 피는 여러해살이 구근식물

가을 개화 구근식물 중에도 의문의 여지가 있는 것들이 있다. 바로 기후변화 때문이다. 특히 아마리네와 네리네는 100퍼센트 믿을 수는 없지만 시도는 해볼 만한 구근식물로 4월에 심는다. 아래 목록의 나머지 다른 종은 8월에 심어야 한다. 해마다 다시 피며 조건이 맞는다면 자연번식도 한다.

- 아마리네 *Amarine*
- 콜키쿰 *Colchicum*
- 시클라멘 *Cyclamen*
- 네리네건지 백합 *Nerine*
- 가을 크로커스 *Crocus*

끝이 뾰족한 꽃잎이 특징인 백합꽃 튤립 '플래시백Flashback'의
노란색 꽃이 핀 혼합식재 화단.

화단에 심는 여러해살이 튤립

> 튤립은 여전히 가장 인기가 많은 구근식물이다. 하지만 실제로 키우기가 쉽지는 않아서 꺼리게 된다는 말이 여기저기서 들려온다. 사실 봄 개화 구근식물의 여왕으로 특별 대우 받기를 원하는 튤립은 분명히 그만큼의 가치가 있다. 다음의 주의사항만 잘 지킨다면 적어도 3~4년 동안은 계속해서 꽃을 즐길 수 있을 것이다. 매우 강인해서 10년 내내 수명을 이어 가는 튤립 품종도 있다.

튤립은 까다로운 편이라 어느 토양에서나 잘 자라지는 않는다. 항상 젖어 있는 피트peat, 이끼 등의 식물이 습기가 많은 지역에서 완전히 썩지 못하고 퇴적 발효되면서 탄화되어 만들어진 것 성분의 토양도 싫어하고, 오로지 모래로만 된 사질토도 좋은 조건은 아니다. 그 외 모든 다른 유형의 토양에서는 키워 볼 만한데, 양분이 부족한 토양이라면 퇴비를 추가하고 점토질 함량이 높아 배수가 좋지 않은 토양이라면 모래를 추가해 준다. 튤립은 늘 젖어 있는 흙에 뿌리 내리기를 싫어한다. 이외에도 하루에 최소한 여섯 시간 정도의 충분한 햇빛이 필요하다. 이 사실만 잘 기억하면 절반은 성공한 셈이다. 이제 몇 년 동안 튤립을 즐기기 위해 알아야 할 몇 가지 사항을 살펴보자. 우선 한 가지 분명히 해 둘 점은 여기서 말하는 튤립은 원예종을 의미한다. 그와는 대조되는 특성을 보이는 원종튤립이나 '야생' 튤립을 말하는 것이 아니다. 이들은 일반적으로 훨씬 더 강하고 까탈스럽지도 않다.

튤립 식재에 가장 이상적인 시기는 10월보다 기온이 더 내려가는 11월이다. 수년간 꽃이 피는 튤립을 보려면 최소한 15센티 정도로 깊게 심어야 하

개화 말기에 이른
튤립 '화이트 트라엄페이터'.

며, 식재 직후에는 뿌리를 잘 내릴 수 있도록 수분을 공급해 주어야 한다. 일단 뿌리가 자라기 시작하면 서리에 강해진다. 식재 후에 곧 비가 내리지 않는다면 물을 줄 필요가 있다. '코'라고 부르는 뾰족한 새싹은 2월에 나타날 것이다.

이때가 약간의 유기농 영양제를 추가해 줄 시기다. 이 영양제는 몇 주 후부터 구근에 양분을 제공하게 되는데, 이듬해의 개화를 준비하기 위해 충분한 에너지를 저장할 필요가 있는 바로 그 시점이다. 마침내 튤립이 꽃을 피우는 순간이 온다. 꽃잎은 낮 동안에 열리고 밤이면 닫힌다. 만약 저녁에도 꽃잎이 벌어져 있다면 개화가 거의 끝났다는 의미로, 시든 꽃을 제거해야 할 때가 왔다는 신호다. 줄기에서 최대한 높은 곳을 자르고 줄기는 그대로 둔다. 줄기와 잎이 광합성 작용에 핵심이기 때문이다. 빛을 흡수하여 줄기와 잎의 이산화탄소가 탄수화물로 전환된다. 이것이 이듬해 피울 새 꽃에 양분을 공급해 주는 것이다. 따라서 완전히 시들어 사라질 때까지 줄기와 잎을 그대로 둔다.

① '애프리콧 뷰티' ② '미스트리스'
③ '베로나' ④ '화이트 트라이엄페이터'와 '블랙 히어로'

최고의 여러해살이 튤립

이른 봄 4월 초부터 늦은 봄 5월 말까지 개화하는 순서대로 튤립 품종을 나열해 보았다.

—— 흰색

- '푸리시마 Purissima'
- '마운트 타코마 Mount Tacoma'
- '화이트 트라이엄페이터 White Triumphator'
- '모린 Maureen'

—— 크림빛 흰색, 초록색+크림빛 흰색

- '베로나 Verona'
- '스프링 그린 Spring Green'

—— 분홍색

- '애프리콧 뷰티 Apricot Beauty'
- '돈키호테 Don Quichotte'
- '미스트리스 Mistress'
- '자클린 Jacqueline'
- '마리에트 Mariette'
- '망통 Menton'

—— 분홍색+흰색

- '플레이밍 푸리시마 Flaming Purissima'

식재 준비

① '발라드' ② '퍼레이드'
③ '발레리나' ④ '마릴린'

── **자주색+흰색**

- '셜리Shirley'

── **붉은색+흰색**

- '해피 제너레이션Happy Generation'
- '마릴린Marilyn'
- '카르나발 드 니스Carnaval de Nice'
- '홀랜드 시크Holland Chic'

── **붉은색**

- '쿨뢰르 카르디날Couleur Cardinal'
- '아펠도른Apeldoorn'
- '레드 샤인Red Shine'
- '로코코Rococo'
- '퍼레이드Parade'
- '알라딘Aladdin'
- '버건디 레이스Burgundy Lace'

── **적포도주색**

- '네그리타Negrita'
- '퍼플 드림Purple Dream'
- '레크레아도Recreado'
- '블랙 패럿Black Parrot'
- '로날도Ronaldo'
- '버건디Burgundy'
- '블랙 히어로Black Hero'

── **흰색+자주색**

- '발라드Ballade'

── **연보라색**

- '바이올렛 뷰티Violet Beauty'

'그랜드 퍼펙션'

── 주황색

- '오렌지 엠퍼러Orange Emperor'
- '데이드림Daydream'
- '프린세스 이레이너Prinses Irene'
- '발레리나Ballerina'

── 연노란색

- '아이보리 플로라데일Ivory Floradale'
- '옐로 모린Yellow Maureen'

── 진한 노란색

- '옐로 푸리시마Yellow Purissima'
- '골든 아펠도른Golden Apeldoorn'
- '주얼 오브 스프링Jewel of Spring'
- '플래시백Flashback'
- '칸델라Candela'
- '골든 퍼레이드Golden Parade'
- '웨스트 포인트West Point'

── 노란색+붉은색

- '그랜드 퍼펙션Grand Perfection'
- '뷰티 오브 아펠도른Beauty of Apeldoorn'
- '헬마Helmar'
- '줄리에트Juliette'

잔디밭에서 꽃을 피운
크로쿠스 베르누스 '뱅가드' *C. vernus* 'Vanguard'.

잔디밭에 심는 구근식물

> 가장 손쉽게 구근식물을 사용하는 방법 중 하나는 단정하게 깎은 잔디밭에 심는 것이다. 몇 년 전에 나는 15제곱미터 정도 되는 아주 작은 정원 잔디밭에 800개의 크로커스를 심었다. 해마다 봄이면 하나씩 순서대로 피어나는 꽃을 보는 게 여간 즐거운 일이 아니다. 다양한 품종을 섞어서 개화기가 겹치거나 연이어 피도록 신경을 썼다.

다시 말해 첫 꽃이 질 무렵에 마지막 꽃이 벌어지기 시작하며 줄곧 색을 보는 즐거움을 누린다는 뜻이다. 게다가 크로커스는 초봄에 벌에게 먹을 거리를 제공하는 첫 꽃으로, 꽃이 피자마자 벌들이 떼를 지어 몰려오는 걸 볼 수 있다. 크로커스는 항상 양지바른 곳에 심어야만 꽃이 핀다. 그늘에서는 꽃잎을 오므리는데, 허기진 벌에게는 참으로 안타까운 일이다.

나의 작은 잔디밭에 심은 크로커스는 모두 네 종류로 각 200개씩 심었다. 크로쿠스 토마시니아누스 '바스 퍼플'*Crocus tommasinianus* 'Barr's Purple'은 은빛이 도는 연보라색 꽃이 핀다. 다음으로 꽃이 피는 종은 연자주색 꽃을 피우는 크로쿠스 시베리 '파이어플라이'*C. sieberi* 'Firefly', 다음은 가장 짙은 색으로 보랏빛이 도는 파란색 꽃이 피는 크로쿠스 베르누스 '그랑 메트르'*C. vernus* 'Grand Maître', 마지막으로 크로쿠스 '얄타'*C.* 'Yalta'가 보랏빛이 도는 파란색 꽃을 피운다. 모두 합쳐 100유로약 14만원밖에 들지 않았고 아름다운 가을날 오후 세 시간 동안 모든 구근을 심을 수 있었다. 물론 할 일이 많았지만 끝부분에 뾰족한 금속이 달린 나무 막대기로 잔디를 쉽게 파낼 수 있어서 수월하게 진행되었다. 결과는 정말 수고한 보람이 있었다. 아스라한 푸른빛 물

키오노독사 사르덴시스.

결이 레이스 식탁보처럼 잔디밭 위로 펼쳐졌다. 스스로 씨앗을 뿌리며 자연발아한다면 숫자는 해마다 더 늘어날 것이다. 파란색이건 흰색이건, 또는 노란색이건 혼합색이건 모두 멋진 장면을 연출한다. 어떤 구근식물 카탈로그에는 60종이나 되는 크로커스 품종이 있을 정도로 선택할 수 있는 품종이 많다.

구근을 심은 잔디밭은 땅이 따뜻해지고 풀이 올라오기 시작하는 5월부터 깎아 주면 된다. 그렇기 때문에 일찍 꽃이 피는 구근식물을 선택하는 것이 좋다. 완전히 시들고 씨앗을 뿌리기까지 4~6주가 소요되므로 잔디밭에 심을 목적이라면 3월 말 이전에 개화하는 품종을 선택해야 한다.

크로커스 외에도 설강화, 실라흰색, 파란색, 키오노독사흰색, 파란색, 분홍색, 왜성종 수선화도 좋은 선택이다. 내 생각에 잔디밭에 가장 잘 어울리는 건 흰색 품종인데, 수선화 '잭 스나이프Jack Snipe'흰색 꽃잎에 노란색 나팔와 '케이디Kaydee' 또는 '레게Reggae'둘 다 흰색 꽃잎에 분홍색 나팔가 있다. 노란색을 좋아한다면 '제트파이어Jetfire'노란색 꽃잎에 주황색 나팔, '랩처Rapture', 그리고 잘 알려진 '테트아테트Tête-à-Tête'가 있는데, 둘 다 진한 노란색이다.

키가 큰 풀과 꽃이 섞여 '야생적인' 느낌의 꽃이 피는 들판을 연출하려면 개화기가 늦은 봄 구근식물을 고르면 되는데 수선화가 가장 적절한 선택이다. 수선화는 튼튼한 구근식물로 수년간 꾸준히 번식하며 종류도 매우 다양하다. 그 사이로 뭔가 독특한 효과가 나기를 원한다면 섬세한 흰색 종 모양 꽃이 피는 은방울수선 '그레이브타이 자이언트'*Leucojum aestivum* 'Gravetye Giant'를 고른다. 5월 초반까지 꽃이 피어 가장 늦게 개화한 후 때가 되면 사라지는 구근식물 중 하나인데, 바로 그 시기에 맞추어 6월 21일경 잔디를 깎으면 된다.

① 설강화와 헬레보루스 오리엔탈리스
② 파키프라그마 마크로필룸 *Pachyphragma macrophyllum*

2월의 훌륭한 동반식물

정원 공간 대부분이 텅 비어 있을 때 가장 먼저 모습을 드러내는 구근식물이 있다. 그것만으로도 겨우내 고대하던 봄의 기운을 조금이나마 느낄 수 있는 기쁨을 선사한다. 그렇게 노랑너도바람꽃, 설강화와 조생종 크로커스가 시든 잎이나 낙엽으로 덮인 정원의 잔해 사이로 올라온다.

이런 현상은 전혀 문제 될 것이 없다. 정원에서 무언가 벌어지고 있다는 뚜렷한 증거이기 때문이다. 그런데 한편으로는 실제로 정원의 골격을 이루는 여러해살이풀과 구근식물 사이에 무언가 연관성이 보인다면 훨씬 더 흥미로울 것이다. 아래의 목록은 이른 봄에 꽃이 피는 구근식물의 행렬이 이어질 때 훌륭한 동반자 역할을 하는 식물들이다. 2월에 개화하여 시각적 아름다움을 더해 주는 식물은 다음과 같다_{학명순}.

── 캄파눌라 *Campanula*
'버치 하이브리드_{Birch Hybrid}'나 '딕슨스 골드_{Dickson's Gold}'는 샛노란 잎을 지닌 상록성 지피식물로 키오노독사, 무스카리, 키 작은 원종튤립을 돋보이게 하는 이상적인 식물이다. 양지나 반음지.

── 사초 *Carex*
상록성 종으로 형광빛 샛노란 잎부터 가장자리에 흰 줄무늬가 있는 짙은 초록색 잎을 지닌 종까지 매우 다양한 품종이 있다. 모든 종의 수선화와 블루벨을 돋보이게 해 주는 훌륭한 바탕이 된다. 너무 건조하지만 않다면 어느 곳에서나 잘 자란다.

── 유포르비아 *Euphorbia*

다양한 종이 있는데 유포르비아 아미그달로이데스 로비에*Euphorbia amygdaloides* var. *robbiae*와 유포르비아 카라시아스 울페니이*Euphorbia characias* subsp. *wulfenii*가 좋은데 둘 다 상록성으로 일찍 샛노란 꽃이 핀다. 전자는 수선화의 배경으로 좋고 어디서나 잘 자라며, 후자는 키 큰 원예종 튤립에 어울리며 양지를 선호한다.

── 헬레보루스 오리엔탈리스 *Helleborus orientalis*

종에 따라 흰색, 연녹색, 분홍색, 검붉은색 꽃이 2월에 풍성하게 피어난다. 꽃이 진 후 몇 달 동안 연초록색 잎과 보기 좋은 씨앗 꼬투리가 매력을 유지한다. 크로커스와 실라 미스첸코아나*Scilla mischtschenkoana*, 노랑너도바람꽃, 설강화와 환상적인 조합을 이룬다. 양지나 반그늘이 좋다.

── 이베리스 셈페르비렌스 *Iberis sempervirens*

양지에서 자라는 상록성 지피식물이다. 3월에 개화가 절정을 이루는데, 같은 시기에 꽃이 커다랗게 피는 키오노독사 '블루 자이언트'나 좀 더 늦게 파란색 또는 흰색 꽃을 피우는 무스카리의 좋은 동반식물이 된다.

── 라미움 *Lamium*

종류가 다양하다. 라미움 마쿨라툼 '화이트 낸시'*Lamium maculatum* 'White Nancy'의 경우 1년 내내 유지되는 은회색빛 잎이 키오노독사나 크로커스와 잘 어울린다. 라미움 갈레옵돌론 '헤르만스 프라이드*Lamium galeobdolon* 'Hermann's Pride'는 상록성 진녹색 잎에 흰색 실핏줄 같은 무늬가 있는데 중간 크기의 노란색 꽃을 피우는 수선화를 위해 멋진 바탕이 되어 준다. 두 종 모두 지피성으로 음지를 선호한다.

── 맥문동 *Liriope muscari*

1년 내내 상록으로 늦여름에 꽃이 핀다. 관상용 그라스처럼 보이는 빼곡한 진녹색 잎은 설강화, 흰색 꽃을 피우는 실라, 일찍부터 늦게까지 개화하는 수선화의 훌륭한 바탕이 된다. 맥문동 역시 그늘진 곳이 좋다.

── 파키프라그마 마크로필룸 *Pachyphragma macrophyllum*

비교적 새로운 여러해살이풀로 3~4월에 자잘한 흰색 꽃이 모여 피는 상록성 지피식물이다. 특히 반그늘에 적합하고 설강화나 실라 미스첸코아나, 뒤이어 피는 왜성종 흰색 수선화와 조합하면 좋다.

아주가 '캐틀린스 자이언트'.

3~4월의 훌륭한 동반식물

3월의 동반식물은 다음과 같다.

— 게라니움 엔드레시이 *Geranium endressii*

　게라니움 마크로리줌 *Geranium macrorrhizum*

　두 종의 숙근제라늄으로 전자는 싹이 매우 일찍 나와 3월이면 벌써 잎이 나온다. 후자는 거의 1년 내내 상록성 잎을 달고 있다. 둘 다 얌전한 초록 배경 역할을 한다. 어디서든 잘 자라는 편이며 큰 꽃이 피는 크로커스나 수선화, 키오노독사 '블루 자이언트', 일찍 개화하는 왜성종 튤립 등 화려한 색의 꽃이 피는 구근을 위해 멋진 바탕이 되어 준다.

— 향기제비꽃 *Viola odorata*

　비올라 라브라도리카 *Viola labradorica*

　3월에 꽃이 피는 지피성 제비꽃이다. 전자는 진녹색 잎, 후자는 적포도주색 잎이 난다. 반그늘에서 잘 자라고 키오노독사, 실라, 아네모네 블란다, 또는 'W.P. 밀너Milner' 같은 왜성종 수선화와 잘 어울린다.

4월이 되면 기온이 올라가면서 동반식물의 크기도 차츰 커진다.

— 아주가 *Ajuga reptans*

　4월이 되어야 본격적으로 성장하며 상록성 잎을 지닌 지피식물이다. 진녹색에서 검붉은색까지 잎의 색이 서로 다른 다양한 종이 있다. 가장 보

헤스페리스 마트로날리스와
알리움 아플라투넨세 '퍼플 센세이션'.

기 좋은 종으로 '캐틀린스 자이언트Catlin's Giant'가 있는데 진한 파란색 꽃대에 키는 30센티미터 정도로 자란다. 흰색 수선화, 블루벨, 은방울수선과 멋지게 어울리며 반그늘을 선호한다.

—— 매발톱 *Aquilegia*

파란색, 흰색, 분홍색, 심지어 노란색 꽃까지 다양한 색의 꽃이 피는 종이 있다. 잎도 꽃만큼이나 관상 가치가 높다. 무스카리, 수선화, 키 큰 원예종 튤립과 잘 어울린다. 양지나 반그늘.

—— 브루네라 마크로필라 *Brunnera macrophylla*

특히 하트 모양에 가는 줄무늬가 있는 초록색이나 은회색의 아름다운 잎 때문에 시선을 끈다. 모든 무스카리 종과 보다 키가 큰 무스카리 종인 벨레발리아의 이상적인 바탕 역할을 한다. 양지나 반그늘 모두에서 잘 자란다.

—— 카르다미네 헵타필라 *Cardamine heptaphylla*

이 식물도 여기서 언급해야 한다. 연두색 잎에 꽃냉이*Cardamine pratensis*를 닮은 순백의 꽃이 무리 지어 높게 피어 눈길을 사로잡는다. 숲 지대 식물로 반그늘을 선호하며, 흰색 꽃을 피우는 수선화, 역시 흰색 꽃을 피우는 은방울수선과 환상의 콤비를 이룬다. 아쉽게도 개화 후 잎이 시들어 사라지므로 그늘진 화단의 뒤쪽으로 심는 게 좋다.

—— 도로니쿰 오리엔탈레 *Doronicum orientale*

데이지 모양의 노란색 꽃이 구식이기는 하지만 명랑한 느낌을 주는 양지 식물이다. 노란색이나 주황색 튤립꽃, 노란색 수선화꽃 사이에서 생기 발랄한 느낌을 더하는 매력적인 식물이다.

---— 솔잎대극 '펜스 루비' *Euphorbia cyparissias* 'Fens Ruby'
유포르비아 폴리크로마 '본파이어' *Euphorbia polychroma* 'Bonfire'

둘 다 대극과에 속하지만 전혀 다른 식물이다. 전자는 밤색의 좁다란 잎에 노란색 꽃이 우산 모양으로 피어 매우 섬세해 보인다. 상당히 매력적이지만 산불 퍼지듯 왕성하게 번질 수 있어서 주의를 기울여 이웃에 피해를 주지 않는 장소에 심는 것이 좋다. 가냘픈 꽃이 피는 수선화 종이나 원종튤립에 어울린다. 후자는 훨씬 더 튼튼한 적포도주색 잎에 노란빛이 도는 연두색 꽃차례가 시선을 끈다. 40센티미터 정도로 자라고 짙은 붉은색이나 노란색, 또는 주황색 톤의 꽃을 피우는 키가 큰 튤립의 훌륭한 동반식물이 된다.

---— 헤스페리스 마트로날리스 *Hesperis matronalis*

쓰임새 좋은 두해살이풀로 투명한 질감이 봄 화단에 잘 어울린다. 흰색이나 연보라색 꽃이 느슨하게 무리 지어 피며, 키는 90센티미터 정도다. 모든 성질의 양지나 반음지 토양에서 잘 자란다. 때로 여러해살이풀처럼 자라기도 하지만 다른 장소에서 자연발아가 일어나기도 한다. 저녁이면 꽃에서 향기가 난다. 개화기는 4~5월로 여름에 가끔 다시 필 수도 있다.

---— 루나리아 아누아 두해살이 *Lunaria annua*
루나리아 레디비바 여러해살이 *Lunaria rediviva*

봄 개화 구근식물의 동반식물로 인기가 많다. 그늘을 견디기는 하지만 양지에서 잘 자라며 키가 크기 때문에 키 큰 원예종 튤립과 좋은 대비를 이룬다. 두해살이 루나리아는 자주색이나 흰색, 여러해살이는 연보라빛이 가미된 흰색 꽃이 핀다. 연보라색, 흰색, 분홍색, 짙은 붉은색의 튤립과 모두 아름답게 조화를 이룬다.

─── 프리뮬라 엘라티오르 *Primula elatior*

위에서 설명한 종과는 반대다. 연노란색 꽃은 키가 작고 소박하며 음지건 양지건 어디서나 무난하게 자란다. 넓은 장소에서는 자연발아도 잘 일어나지만, 이 연노란색 꽃들이 봄 정원을 뒤덮는 풍경은 너무나 사랑스러워서 뽑아내는 일을 주저하게 될 정도다. 무스카리, 왜성 수선화, 튤리파 투르케스타니카 *Tulipa turkestanica*, 튤리파 실베스트리스 *Tulipa sylvestris* 같은 야생 원종튤립과도 잘 어울린다.

─── 풀모나리아 *Pulmonaria*

또 다른 믿음직한 식물이다. 종에 따라 무늬가 있는 진녹색이나 은회색 잎을 가진 지피식물로 그늘진 곳에 사용하면 좋은 식물이다. 수선화, 무스카리, 은방울수선을 사이사이에 심어 준다.

─── 스미르니움 페르폴리아툼 *Smyrnium perfoliatum*

두해살이풀이지만 씨앗을 왕성하게 퍼뜨리므로 주의해야 한다. 50센티미터 정도로 자라고, 아주 작고 하늘거리는 꽃이 피어나 다소 딱딱해 보이는 튤립에는 부드러움을, 반그늘에 심은 수선화에는 화사함을 더해 준다.

스미르니움 페르폴리아툼 사이에서 꽃을 피운
튤립 '발라드Ballade'.

식재 준비

알리움 크리스토피이 *Allium christophii*와
게라니움 엔드레시이 '워그레이브 핑크 Wargrave Pink'.

5월의 훌륭한 동반식물

5월이 되면 마지막으로 개화하는 봄 구근식물, 즉 만생종 튤립과 카마시아, 알리움이 피기 시작한다. 이 구근식물에 적합한 동반식물은 다음과 같다.

— 알케밀라 몰리스 *Alchemilla mollis*
아름다운 회녹색 잎에 샛노란색 꽃이 투명한 느낌의 우산 모양 꽃차례로 핀다. 양지와 반음지에서 자라며 모든 구근식물과 잘 어울린다.

— 반들정향풀 *Amsonia illustris*
정향풀 '블루 아이스' *Amsonia* 'Blue Ice'
둘 다 하늘색 꽃이 피며 전자는 80센티미터, 후자는 40센티미터 정도 자란다. 연보라색이나 자주색 꽃을 피우는 알리움과 멋지게 어울린다.

— 숙근제라늄 *Geranium*
개화 기간에 따라 종류가 매우 다양한데, 대부분 오래 유지되는 아름다운 잎을 지녔다. 특히 게라니움 마그니피쿰 *Geranium magnificum* 처럼 파란색 꽃이 피는 종은 카마시아의 훌륭한 이웃이 된다.

— 호스타 *Hosta*
장점아름다운 잎과 단점달팽이나 민달팽이의 밥이 됨을 동시에 지닌 익히 알려진 식물이다. 보기 싫은 알리움의 잎을 호스타의 잎이 가려 주기 때문에 알리움의 바탕 역할로 자주 사용된다. 은회색 잎이 나는 종이 달팽이나 민달

식재 준비　123

팽이에 더 강하고 양지에서도 잘 견디므로 알리움의 완벽한 동반식물이다.

── 살비아 네모로사 *Salvia nemorosa*

다양한 품종이 있는데 가장 널리 알려진 품종으로 '마이나흐트Mainacht', '오스트프리슬란트Ostfriesland', '카라도나Caradonna'를 들 수 있다. 첫 두 품종은 키가 40센티미터로 작게 자라고, 진한 자주색 줄기가 특징인 '카라도나'는 80센티미터까지도 너끈히 자란다. 세 품종 모두 진한 보라색 꽃이 피어 살굿빛 분홍색 꽃을 피우는 '망통Menton'이나 진분홍색 꽃이 피는 '리나운Renown'같이 늦게 피는 튤립, 초록색과 분홍색이 섞인 '그린 웨이브Green Wave'나 살구색 '애프리콧 패럿Apricot Parrot' 같은 주름진 꽃잎을 지닌 튤립과 함께 심으면 강렬한 대비 효과를 보인다.

가을 개화 구근식물

> 가을에 개화하는 구근식물이 있다는 사실을 모르는 사람도 많다. 아마 한여름 7월 말부터 주문해서 즉시 심어야 하기 때문에 미처 생각을 못해서가 아닐까 싶다. 한여름이라면 장미나 아스터, 관상용 그라스를 떠올리기가 쉽지 구근식물을 심을 생각은 하기 어렵다. 그래서 특별히 여기서 다루려고 한다. 점차 차분하게 변해 가는 가을 정원에 갑자기 새로운 꽃이 나타나는 장면은 꽤 환상적이다.

가을 개화 구근식물을 알리고 싶은 이유가 바로 거기에 있다. 가장 유명하고 구하기 쉬운 종만 언급하면 메도 사프란 meadow saffron 으로도 불리는 콜키쿰, 가을 크로커스, 시클라멘, 겨울 수선화라고도 부르는 스테른베르기아 Sternbergia 가 있다.

콜키쿰은 꽃이 가장 커서 눈에 띄는데 종에 따라 흰색, 연보라색, 분홍색, 연자주색 등 다양한 색의 꽃이 핀다. 구근 역시 알리움만큼 크고 창가에 놓는 화분 식재용으로 판매되기도 한다. 창가에서는 좀 외로워 보여서 나는 정원에 심는 편을 선호한다. 콜키쿰은 배수가 잘되고 약간 석회질에 비옥한 토양이 적합하다. 콜키쿰은 나의 점토질 정원에서도 잘 자라지만 아쉽게도 흰색 꽃이 피는 콜키쿰 아우툼날레 '알붐' *C. autumnale* 'Album'은 봉오리 상태에서 달팽이나 민달팽이의 먹이가 된다. 다른 종들은 피해가 덜한데, 연자주색 겹꽃이 피는 콜키쿰 '워터릴리'와 연보라빛 분홍색 꽃이 피는 콜키쿰 '라일락 원더 Lilac Wonder'는 꽃을 즐기는 데 문제가 없다. 콜키쿰은 그늘도 잘 견디며 종에 따라 9~10월에 개화한다. 넓고 윤기 나는 잎은 꽃이

식재 준비

크로쿠스 스페시오수스 '컨쿼러' *Crocus speciosus* 'Conqueror'와 맥문동 *Liriope muscari*.

없는 4월에 나와서 3주 정도 후에 시들면 잎을 잘라 준다.

가을 크로커스는 종이 매우 다양하다. 대부분이 줄기가 아주 약하기 때문에 15센티미터 높이의 게라니움 시네레움 *Geranium cinereum*이나 피뿌리쥐손이 '막스 프라이' *Geranium sanguineum 'Max Frei'*처럼 바닥에서 지지해 줄 수 있는 여러해살이 지피식물 사이에서 가장 편하게 자란다. 내 경험에 따르면 크로커스 스페시오수스 *Crocus speciosus*와 그 변종들은 양지에서 가장 튼튼하게 자랄 수 있으며 해마다 꽃이 핀다. 우선 100개의 구근으로 시작하면 즉시 효과를 볼 수 있는데, 비용은 15유로2만원 정도밖에 들지 않는다. 흰색, 연보랏빛이 도는 파란색, 진보라색 등 다양한 색의 꽃을 볼 수 있다.

가을에 꽃이 피는 시클라멘에는 시클라멘 실리시움 *Cyclamen cilicium*과 시클라멘 헤데리폴리움 *C. hederifolium*, 이렇게 두 종류가 있다. 전자는 서리에 약해서 양지에 심어야 한다. 내가 좋아하는 종은 후자로 잎맥이 멋진 무늬를 만들어 내고, 내한성이 좋으며, 마른 그늘에서도 잘 견딘다. 시클라멘 헤데리폴리움은 하부 식재가 까다로운 나무인 너도밤나무 beech tree 아래에서도 놀라울 정도로 잘 자라며 9월부터 개화한다.

다음으로 겨울 수선화라 불리는 스테른베르기아가 있다. 수선화처럼 두툼하게 모여 나는 잎은 겨울 기온이 따뜻하면 상록으로 유지되고, 25센티미터 정도의 꽃대에서 크로커스 같은 밝은 노란색 꽃이 핀다. 따뜻하고 양지바른 곳에서는 9~10월에 꽃이 핀다.

가을 개화 구근식물의 커다란 장점이라면 결과를 기다리는 데 시간이 얼마 걸리지 않는다는 점이다. 8월에 심고 9월이면 첫 꽃이 피기 때문이다. 콜키쿰, 가을 크로커스, 스테른베르기아는 적어도 구근 크기의 두 배 이상 깊게 심어야 하고, 시클라멘은 괴경이 겨우 덮일 정도의 얕은 흙에 심는다.

오렌지사초 *Carex testacea* 사이에서 꽃을 피운
스테른베르기아 루테아 *Sternbergia lutea*.

식재 준비

만수국프렌치 메리골드. *Tagetes patula*과 가는잎나래새 *Stipa tenuissima* 바탕 위에, 흰색과 노란색 꽃을 피우는 다알리아가 주인공이 된 우아한 여름 화단 조합.

식재 준비

어디서나 심을 수 있는 구근식물

3.

화분에서 자연번식하는
무스카리 아르메니아쿰 *Muscari armeniacum*.

화분에 심기

정원이 없는 사람이라면 화분에서 키우는 것도 좋은 방법이다. 물론 정원이 있어도 화분 한가득 봄에 꽃이 피는 구근식물로 채워 파티오patio, 위쪽이 트인 건물 안의 뜰. 보통 집 뒤쪽에 만드는 테라스나 출입문 양쪽에 두면 봄의 화사함을 더할 수 있다.

올바른 화분을 선택하면 이미 절반은 성공한 셈이다! 먼저 겨울 추위에 깨지지 않고 배수 구멍이 있는 충분한 크기의 화분을 고른다. 배수가 되지 않아 화분에 물이 고이면 구근식물 키우기는 실패하기 마련이다. 최소 지름이 30~35센티미터 정도 되는 큰 화분을 고른다. 한 종류만 심을지 아니면 여러 층으로 심을지에 따라 화분 높이는 달라진다. 층층으로 심고 싶다면 최소한 20~25센티미터 높이가 필요하다. 화분이 너무 작으면 금방 건조해져서 구근이 손상된다.

제일 간단한 방법은 봄 개화 구근식물 한 종류만으로 화분을 채우는 것이다. 크로커스, 키오노독사 포르베시이 '블루 자이언트', 왜성종 수선화인 '잭 스나이프'·'제트파이어'·'W.P. 밀너'·'세고비아Segovia', 무스카리 또는 툴리파 클루시아나 '페퍼민트 스틱Peppermint Stick'이나 툴리파 투르케스타니카 같은 원종튤립 등 최소한 몇 주 이상 색의 향연을 펼칠 종을 하나 선택한다.

하지만 더 재미를 보려면 한 화분에서 연속적으로 꽃이 피는 구근식물을 층위별로 심어 몇 주 동안 색을 즐길 수 있게 한다. 제일 먼저 꽃이 피는 구근식물을 가장 위에 심고 마지막에 꽃이 피는 구근식물을 제일 아래에 심어야 한다는 사실만 염두에 두면 어렵지 않다. 원활한 배수를 위해 화분

아마리네 벨라디바*Amarine belladiva*도
화분에 키우기 좋은 구근식물이다.

바닥에 점토 알갱이나 깨진 화분 조각을 깔고 10센티미터 정도 흙으로 채운 후 늦게 꽃이 피는 구근식물을 위로 향하도록 심는다. 다시 흙을 채우고 일찍 개화하는 구근을 심은 후 5센티미터 정도 흙으로 덮는다. 화분이 높을 경우 다른 층을 추가해서 중간 시기에 개화하는 구근식물을 심으면 된다.

이런 방법을 샌드위치 식재라고 부른다. 구근끼리 서로 너무 가깝거나, 화분 가장자리로 붙여 심지 않도록 한다. 다른 종들이 위로 올라오기 위해서는 충분한 공간이 필요하기 때문이다.

이런 작은 공간에는 잎이 많지 않고 꽃이 화려해 눈에 띄는 종이 적합하다. 튤립 대부분은 잎이 많아서 훨씬 더 큰 화분이 필요하므로 여기서는 더 가녀린 원종이나 '야생' 튤립이 적합하다. 오래가는 멋진 조합의 예를 들자면 다음과 같다. 툴리파 클루시아나 '레이디 제인'*Tulipa clusiana* 'Lady Jane'을 아래층에, 그 위로 풍성하게 꽃이 피는 히아신스 '블루 페스티벌*Blue Festival*', 제일 위층에 크로쿠스 토마시니아누스 '루비 자이언트'*Crocus tommasinianus* 'Ruby Giant'를 심는다.

비교적 잎이 적게 나는 일부 여름 구근식물도 샌드위치 식재로 적합하다. 연속 개화하는 품종을 골라 5월 중순에 화분 한가득 채워 심는다. 예를 들어 보자. 먼저 바닥에 글라디올루스 칼리안투스 '무리엘레'*Gladiolus calliantus* 'Murielae'를 심으면 달콤하고 향기로운 흰색 꽃이 여름 즈음이면 피어날 것이다. 그 위에 '롤리팝Lollypop' 같은 백합, 그 다음으로 진보라색 잎에 분홍빛 꽃이 피는 나비사랑초와 파란색 꽃이 피는 아네모네 코로나리아 '미스터 포커'*Anemone coronaria* 'Mister Fokker'를 섞어 가장 위에 심는다.

화분에서 피어나는
툴리파 바케리 '라일락 원더'의 꽃.

봄 발코니 식재

'최소 투입, 최대 효과'라는 표현은 작은 식재 공간에도 적용된다. 제한된 공간에 많은 종을 심으면 너무 복잡해진다. 식물을 두세 종으로 제한하는 대신 개수를 늘리면 훨씬 멋진 효과를 낼 수 있다. 이것은 구근식물 식재에서도 마찬가지다.

발코니에 두세 개의 화분을 놓고, 특정한 종을 반복적으로 심으면 가장 매력적으로 보인다. 이것은 시각적으로 화분을 연결해 주는 효과를 내며, 다양한 종을 산만하게 심었을 때와 달리 작은 정원 같은 느낌을 준다.
예를 들어 서로 다른 크기의 화분이 다섯 개 있다고 가정하자. 가장 작은 화분 두 개에 각각 2단으로 구근식물을 심는다. 이보다 더 큰 화분 두 개는 3단으로 심고, 가장 큰 화분에는 겨울에도 볼거리가 있는 그라스를 심되 한 종의 구근식물과 함께 심는다. 먼저 가장 큰 화분부터 시작해 보자. 가는잎나래새는 가뭄에 잘 견디므로 발코니에 적합하다. 가을이 되면 황금빛으로 변해서 봄에 새잎이 나올 때까지 볼거리를 제공해 준다. 발코니로 불어오는 바람에 한들거리는 그라스는 '레이디 제인Lady Jane' 같은 원종 튤립과 잘 어울리므로 두 번째 층으로 최소 20개를 심는다. 중간 크기의 화분 하나에도 가장 아래의 세 번째 층으로 이 튤립을 심어 준다135쪽 '화분에 심기' 참조. 중간 층으로는 연하늘색 꽃이 피는 무스카리 '발레리 피니스Valerie Finnis'를 심고, 가장 먼저 꽃이 피는 위층에는 키오노독사 포르베시이 '블루 자이언트'를 심는다. 중간 크기의 화분 위층에는 크로쿠스 베르누스 '잔 다르크Jeanne d'Arc'를, 두 번째 층에는 키오노독사 포르베시이 '블루 자이

화분에 심은
무스카리 아르메니아쿰 '에스더' *Muscari armeniacum* 'Esther'.

언트'를, 가장 아래 세 번째 층에는 흰색 만생종 수선화 '실버 차임스Silver Chimes'를 심는다. 이런 식으로 큰 화분은 마무리가 되고, 나머지 가장 작은 두 화분에 두 개의 층으로 심을 차례다. 한 화분에는 무스카리 '발레리 피니스'를 바닥에, 위에는 보라색 꽃이 피는 크로쿠스 토마시니아무스 '루비 자이언트Ruby Giant'를 심는다. 다른 한 화분에는 라일락빛 분홍색 꽃이 피는 툴리파 바케리 '라일락 원더'Tulipa bakeri 'Lilac Wonder'를 바닥에 심고 흰색 크로쿠스 베르누스 '잔다르크'를 위에 심는다.

이렇게 심으면 개화기가 겹치거나 같은 종의 꽃이 여러 개의 화분에서 동시에 피어나 통일감을 주어 2월부터 5월 초까지 연속적인 개화를 즐길 수 있다. 하지만 너무 키가 큰 종은 바람에 쓰러질 수 있으니 피하는 것이 좋다. 위에서 언급한 구근식물은 최대 25센티미터까지 자라는 종이다. 잎이 많거나 키가 커서 아담한 다른 종의 성장과 개화를 방해하는 종은 되도록 피한다. 또 제대로 꽃을 피우려면 저온에 노출되어야 하므로 잠시라도 화분을 실내로 들여서는 안 된다. 만약 식재 직후에 서리 예보가 있어 대비를 철저하게 하고 싶다면 '뽁뽁이' 비닐로 화분을 감싸 주면 된다. 하지만 이것도 2월이 되면 걷어 내야 한다. 심은 직후에는 뿌리가 바로 성장을 시작할 수 있도록 물을 준다. 겨울 동안 필요한 수분은 그것만으로도 충분하다.

마지막으로 작은 화분의 한 층에 심는 소형 구근크로커스, 원종튤립은 10~15개면 충분하다. 좀 더 큰 구근키오노독사, 무스카리은 10개면 한 층을 채울 수 있고 수선화 같은 대형 구근은 7개면 된다. 더 큰 화분에는 층마다 30퍼센트씩 추가해서 심는다.

화분에 심은
베고니아 핌브리아타 *Begonia fimbriata*.

여름 발코니 식재

화분에서 키울 수 있는 여름 구근식물도 아주 많다. 여름 기온에 따라 달라지기는 하겠지만 화분에서 키울 때는 노지보다 흙이 빨리 마르기 때문에 물을 더 자주 주어야 한다. 여름 구근식물의 장점은 많은 종이 봄 구근식물보다 개화기가 길다는 점이다. 아울러 몇 달 동안 계속 꽃이 피는 한해살이식물들과 조합하면 풍성한 여름 발코니에 대한 기대로 가슴이 한층 부풀 것이다.

여기서도 마찬가지로 키가 큰 종은 바람에 쓰러질 수 있으므로 특별한 경우를 제외하고 최대 60센티미터까지 자라는 종만 선택한다. 아래 두 종은 성장이 빨라서 머지않아 덩치를 키우므로 몇 개만 심는 게 훨씬 효과적이다. 칸나와 유코미스*Eucomis* 둘 다 양지를 좋아한다.

인디언칸나는 마르지 않고 비옥한 토양에서 잘 자라는 종이므로 발코니에서 키우기는 어려울 수 있다. 여름 내내 물과 양분을 챙겨 주어야 하기 때문이다. 하지만 노력에 대한 충분한 보상을 해 주는 식물이다. 관상 가치가 뛰어난 잎과 이삭꽃차례로 솟아오르는 꽃이 오랫동안 유지된다. 키 큰 품종이 많지만 '60센티미터까지 자라는' 키 작은 품종도 충분히 많다. 그중에서 붉은색 꽃이 피고 짙은 갈색 잎이 나는 '퓨처리티 레드Futurity Red', 구릿빛 잎에 주황색 꽃이 피는 '퓨처리티 오렌지Futurity Orange', 그리고 초록색 잎에 크림색 꽃이 피는 '바닐라 크림Vanilla Cream' 등이 아주 매력적인 품종이다. 칸나처럼 시선을 사로잡는 식물은 그다지 옆에 다른 식물이 있을 필요가 없기 때문에 아름다운 잎만 조금 추가해도 완벽하게 돋보일 것이

유코미스 코모사 '스파클링 버건디'.

다. 칸나를 중앙에 주인공으로 심고 한해살이풀이나 화분 가장자리에서 흘러내리는 덩굴식물로 주변을 채운다. 잘 어울릴 식물로는 장뇌 향이 나고 잎에 무늬가 있는 플렉트란투스 프루티코수스 '바리에가투스'*Plectranthus fruticosus* 'Variegatus'나 회색 잎을 가진 헬리크리숨 페티올라레 '실버'*Helichrysum petiolare* 'Silver'가 있다.

화분에 심기 좋은 또 다른 여름 개화 구근식물로 유코미스가 있다. 가장 '일반적인' 품종은 유코미스 비콜로르*Eucomis bicolor*로 45센티미터 정도의 키에 붉은색 테두리가 있는 초록빛 잎이 달린다. 보다 시선을 끄는 품종으로는 50센티미터까지 자라고 흰색 꽃이 피는 유코미스 코모사 '플라야 블랑카'*E. comosa* 'Playa Blanca'나 자주색 잎에 분홍색 꽃이 피는 화려한 품종인 '스파클링 버건디*Sparkling Burgundy*'가 있다. '스파클링 버건디'는 80센티미터까지 자라지만 바람을 피할 수 있는 곳이라면 쓰러지지 않고 잘 자란다. 유코미스는 그 자체로 너무 화려해서 화분에 단독 식재하는 것이 가장 좋다. 더욱이 잎이 아래쪽부터 사방으로 퍼져서 다른 식물이 자랄 수 있는 공간을 남겨 두지 않는다. 따라서 함께 조합하고 싶은 식물이 있다면 다른 화분에 심으면 된다. 두세 개의 유코미스 화분과 검붉은색 잎에 짙은 색으로 개화하는 한해살이 그라스인 페니세툼 세타세움 '루브룸'*Pennisetum setaceum* 'Rubrum' 화분을 섞어 배치하면 멋진 조화를 이룰 수 있다.

위에 언급된 종과 완전히 대조를 이루는 식물은 옥살리스*Oxalis*다. 구경으로 키는 25센티미터 이하로 자라고 초록색 또는 초록색 바탕에 붉은색 점이 있거나 짙은 적갈색 등 인상적인 색의 잎이 난다. 꽃은 여름에 피고 품종에 따라 분홍색, 붉은색, 흰색의 꽃이 핀다. 그늘과 건조한 환경을 좋아하는 옥살리스는 발코니의 어두운 공간에서 매력을 더해 주는 식물이다.

리아트리스 스피카타 *Liatris spicata*의 꽃이 피어난
여름 혼합식재 화단.

어떤 구근식물을 어디에?

> 발코니에 적용된 내용은 작은 정원이나 그보다 좀 더 큰 정원에도 어느 정도까지는 응용할 수 있다. 처음 구근식물을 심을 때는 많은 종의 소량 식재보다 적은 종의 대량 식재를 권한다. 전자의 방식으로 심었을 때는 너무 조각조각 나누어져 결과적으로 산만해 보인다. 그러므로 처음에는 몇 개의 종으로 디자인해서 보기가 좋으면 나중에 좀 더 많은 종을 추가해 나가는 것이 좋다.

처음으로 정원에 구근식물을 심는다면 어떻게 해야 할까? 첫 단계는 봄에 구근식물을 들이고 싶은 장소를 결정하는 것이다. 초봄에는 실외에서 생활하는 시간이 많지 않으므로 집 안에서 잘 보이는 곳이나 매일 걸어 다니는 통로 주변에 심으면 된다. 일단 심을 장소를 선택하면 그곳의 생육환경을 살펴볼 필요가 있다. 최소한 하루 여섯 시간의 빛이 드는 곳인지, 햇빛을 좋아하는 구근식물을 심기에 적당한지? 만약 그늘이 지는 곳이라면 거기에 맞는 종을 선택해야 한다. 건조한 곳인지 아니면 습한 곳인지? 구근식물을 심을 공간은 충분한지? 1제곱미터에 몇 개의 구근을 심어야 하는지? 머릿속에 그리고 있는 정원은 어떤 모습인지? 한꺼번에 왕창 꽃이 피어나기를 원하는지 아니면 초봄부터 늦가을까지 계속해서 꽃이 피며 변화하는 정원을 구상하는지? 선택해야 할 사항이 워낙 많아서 이런 상황을 충분하게 검토한 후에 필요한 구근식물의 목록을 결정해야 한다. 선택에 도움이 되도록 다음과 같이 분류를 해 보았다.

알리움 스티피타툼
'마운트 에베레스트' *Allium stipitatum* 'Mount Everest'.

―― **양지성 구근** 2월부터 5월 중순까지

크로커스, 키오노독사, 푸시키니아, 아네모네 블란다, 히아신스, 무스카리, 아네모네 코로나리아, 왕패모, 튤립, 은방울수선, 향기별꽃, 카마시아, 알리움 트리쿠에트룸과 나도산마늘_{야생 산마늘}을 제외한 모든 알리움.

―― **음지성 구근** 1월부터 5월 중순까지

설강화, 노랑너도바람꽃, 실라, 코리달리스, 얼레지, 패모, 블루벨, 수선화, 알리움 트리쿠에트룸, 나도산마늘.

양지성과 음지성 구근을 나누는 기준은 분명하지 않다. 햇빛을 잘 견디는 수선화도 있고 반그늘에서 잘 자라는 무스카리도 있기 때문에 앞에 소개한 내용은 어떤 구근식물이 어디서 가장 잘 자라는지에 관한 간략한 목록일 뿐이다.

―― **건조한 곳에서 잘 자라는 구근**

알리움, 아네모네 코로나리아, 키오노독사, 코리달리스, 크로커스, 실라, 무스카리, 얼레지, 향기별꽃, 히아신스, 튤립, 블루벨.

―― **습한 곳에서 잘 자라는 구근**

설강화, 너도바람꽃, 나도산마늘, 알리움 트리쿠에트룸, 사두패모, 은방울수선, 수선화, 카마시아.

여러 조건을 잘 활용하는 내성이 강한 종이 있는데, 수선화는 웬만한 건조지에서는 잘 자라며 블루벨은 비교적 축축한 토양에서도 자랄 수 있다.

제곱미터당 수량

봄 개화 구근식물의 1제곱미터당 필요 수량은 원하는 효과에 따라 달라질 수 있다. 구근식물에 초점을 맞추어 빼곡하게 모여 피는 꽃을 볼 목적인지, 아니면 보다 차분한 모습으로 기존 식물에 더해져 멋지게 어우러지는 풍경을 연출하기 위한 목적인지에 따라 달라질 수 있다. 아래 표는 1제곱미터당 평균적으로 식재하는 수량이다.학명순

	모아 심는 효과	화단에 조합
대형종 알리움 Allium	12~15	5
소형종 알리움 Allium	40~50	15~20
아네모네 블란다 Anemone blanda	40	20
아네모네 코로나리아 Anemone coronaria	40~50	15~20
카마시아 Camassia	10~12	5
키오노독사 Chionodoxa	50	20~30
코리달리스 Corydalis	50	20~30
크로커스 Crocus	50	20~30
노랑너도바람꽃 Eranthis	50	20~30
얼레지 Erythronium	25~30	10~15
왕패모 Fritillaria imperialis	12~15	5
사두패모 Fritillaria meleagris	50	20~30
설강화 Galanthus	50	20~30

튤립 '화이트 트라이엄페이터'와 '발레리나'가 핀
2022년 플로리아드의 봄 화단.

	모아 심는 효과	화단에 조합
블루벨 Hyacinthoides	25~30	10~12
히아신스 Hyacinthus	20	7~9
향기별꽃 Ipheion	50	20
은방울수선 Leucojum	25~30	10~12
백합 Lilium	12~15	5
무스카리 Muscari	40~50	20
대형종 수선화 Narcissus	20	7~9
왜성종 수선화 Narcissus	30~40	12~15
푸시키니아 Puschkinia	50	20~30
실라 Scilla	50	20~30
대형종 튤립 Tulipa	25	7~9
소형종 튤립 Tulipa	40~50	15~20

① 옥살리스 비올라세아 *Oxalis violacea*는 담장 화단에서 잘 자란다.
② 양지에서 빛을 발하는 흰색나도사프란.

담장 화단

도시와 마을을 더욱더 '초록'으로 만들기 위해 노력 중인 네덜란드에서 담장 화단의 인기는 날로 증가하고 있다. 네덜란드는 심지어 "보도블록을 걷어 내자NK Tegelwippen"라는 캠페인을 벌이고 있어 많은 보도블록이 녹색 공간으로 대체되고 있다.*

'담장 화단'은 포장도로와 가정집 사이에 있는 좁다랗고 긴 땅을 말한다. 대개 아주 건조하고 때로는 그늘이 지기도 하지만 놀랄 만큼 많은 식물이 자라고 있다. 접시꽃Alcea, 부들레야Buddleja, 등나무, 라벤더, 클레마티스가 자라고 바닥에는 캄파눌라, 에리게론 무크로나투스Erigeron mucronatus, 남미개망초 그리고 갖가지 색상의 제비꽃이 덮고 있다.

이런 곳에서도 자랄 수 있는 구근식물이 있다. 넓은 공간이 필요하지 않고 번식이 잘되는 소형 구근식물이다. 양지보다 음지에 적합한 종은 상대적으로 소수이지만 한두 종만으로도 벽이나 담을 따라 이어지는 길고 좁은 길에 활기를 불어넣을 수 있다.

---

* 네덜란드의 도시 가운데 화단으로 대체한 보도블록 개수를 인구 대비로 계산하여 가장 많은 보도블록을 걷어 낸 도시가 금상(황금 블록)을 수상한다. 이것은 "네덜란드의 녹화는 당신의 마당에서부터"라는 캠페인의 일환이다.

음지에 적합한 구근

— 파란색

실라 시베리카*Scilla siberica*, 실라 비폴리아 *S. bifolia*

— 노란색

알리움 몰리*Allium moly*

— 흰색

실라 시베리카 '알바*Alba*', 실라 비폴리아 '알바*Alba*'

— 분홍색

실라 비폴리아 '로세아*Rosea*'

양지에 적합한 구근

— 하얀색

크로쿠스 크리산투스 '스노 번팅'*Crocus chrysanthus* 'Snow Bunting', 크로쿠스 베르누스 '잔다르크'*C. vernus* 'Jeanne d'Arc', 키오노독사 루실리에 '알바'*Chionodoxa luciliae* 'Alba', 무스카리 보트리오이데스 '알붐'*Muscari botryoides* 'Album', 무스카리 '시베리안 타이거'*Siberian Tiger*', 푸시키니아 실로이데스 리바노티카 '알바'*Puschkinia scilloides* var. *libanotica* 'Alba', 향기별꽃 '알베르토 카스틸로'*Ipheion uniflorum* 'Alberto Castillo', 알리움 젭다넨세*Allium zebdanense*

—— 노란색

크로쿠스 크리산투스 '도로시Dorothy', 크로쿠스 크리산투스 '골디록스Goldilocks', 크로쿠스 플라부스 '골든 옐로'*C. flavus* 'Golden Yellow'

—— 파란색

키오노독사 사르덴시스*C. sardensis*, 무스카리 아주레움*M. azureum*, 무스카리 보트리오이데스 '수퍼스타'*M. botryoides* 'Superstar', 무스카리 '발레리 피니스Valerie Finnis', 향기별꽃 '롤프 피들러Rolf Fiedler'와 '위슬리 블루Wisley Blue'

—— 연보라색

크로쿠스 크리산투스 '블루 펄Blue Pearl', 크로쿠스 베르누스 '뱅가드Vanguard', 대형종 크로커스 '얄타Yalta'

—— 자주색

크로쿠스 토마시니아누스 '화이트웰 퍼플'*C. tommasinianus* 'Whitewell Purple', 크로쿠스 베르누스 '리멤브런스Remembrance', 게라니움 투베로숨*Geranium tuberosum*

이들은 모두 봄에 개화하는 종으로, 229쪽부터 시작되는 '내가 좋아하는 구근식물'에서 좀 더 상세한 내용을 볼 수 있다. 가을에 개화하는 종이 하나 있는데 흰색나도사프란*Zephyranthes candida*은 양지바른 담장 화단에 심기에 이상적이다.

키오노독사 포르베시이 '바이올렛 뷰티'.

지붕 녹화용 구근식물

도시를 푸르게 만들자는 열기가 최근 화두로 떠오르는 지붕 녹화 운동을 낳았다. 일반 정원에서 사용하는 토양보다 훨씬 가벼운 원예용 토가 지붕 화단에 자주 사용되고 있다.

기본적으로 강한 바람이나 가뭄에 잘 견디고, 극심한 가뭄 같은 험난한 기상 조건을 일시적이나마 견뎌 낼 수 있는 종을 선택한다. 봄의 정취를 더하기 위해서는 이른 봄에 꽃을 피우고 자연번식이 잘 이루어지는 봄 개화 구근식물을 선택하는 것이 가장 좋다. 여러 실험에 따르면 다음의 종들이 원예용토에 식재하기에 적합하다. 다른 고려사항이라면 강한 바람에 다치지 않도록 키가 작은 편이 좋고 비교적 개화기가 긴 구근식물을 선택한다. 지붕 녹화에 적합한 구근은 다음과 같다.^{학명순}

파란색 꽃을 피우는 키오노독사 루실리에와 흰색 품종 '알바_{Alba}'.

키오노독사 포르베시이 '바이올렛 뷰티_{Violet Beauty}'와 '핑크 자이언트_{Pink Giant}'는 각각 파란색과 연분홍색 꽃을 피우는데 일반 종보다 튼튼한 품종이다. 모든 키오노독사는 3~4월에 꽃이 핀다.

크로쿠스 크리산투스 품종으로 '아드 솅크_{Ard Schenk}' 흰색, '도로시_{Dorothy}' 연노란색, '집시 걸_{Gipsy Girl}' 갈색 줄무늬에 노란색, '스노 번팅_{Snow Bunting}' 약간 작은 흰색 꽃.

황금빛 대형종 크로커스인 크로쿠스 플라부스 '골든 옐로Golden Yellow'.

키오노독사 포르베시이 '바이올렛 뷰티'

크로커스 토마시니아누스는 종류가 많다. 그중에서 '바스 퍼플Barr's Purple' 은빛이 나는 라일락색, '루비 자이언트Ruby Giant' 짙은 자주색 그리고 '화이트웰 퍼플Whitewell Purple' 자주와 보라 이중색이 가장 튼튼하다.

또 다른 대형종 크로커스인 크로쿠스 베르누스 품종으로는 '잔다르크Jeanne d'Arc' 흰색, '리멤브런스Remembrance' 연보라 자주 이중색, '픽윅Pickwick' 보라색에 흰 줄무늬 등이 있다. 이 크로커스들은 2~3월에 핀다.

스페인블루벨은 주로 파란색 꽃이 피지만 때로 흰색이나 분홍색으로 피는 품종도 있다. 4월 말부터 개화한다.

무스카리는 품종이 무척 다양하지만 여기서는 무스카리 아르메니아쿰 파란색, 무스카리 보트리오이데스 '알붐Album' 흰색, 무스카리 아주레움 밝은 하늘색, 무스카리 아주레움 '알붐Album' 흰색이 가장 잘 자랄 것이다. 3월 말부터 개화한다.

수선화는 세 종류의 왜성종이 있다. 개화 순서대로, 3월에 크림빛이 도는 노란색 꽃을 피우는 'W.P 밀너Milner', 4월 말부터 향기로운 연노란색 꽃이 피는 수선화 '하위라Hawera', 그리고 차이브처럼 섬세한 잎에 5월에 개화하는 수선화 '베이비 문Baby Moon'.

푸시키니아 실로이데스 리바노티카파란색와 흰색 품종 '알바Alba' 모두 3~4월에 꽃이 핀다.

툴리파 투르케스타니카와 툴리파 우루미엔시스Tulipa urumiensis는 둘다 20센티미터 미만으로 자라는 원종튤립이다. 전자는 크림빛이 도는 흰색 꽃이 3월 말부터 피고 후자는 샛노란 꽃이 4월 중순부터 핀다.

툴리파 투르케스타니카.

크로커스꽃에 앉은 꿀벌.

벌을 위한 구근식물

'생물다양성biodiversity'과 '자연포용nature-inclusive' 같은 용어는 최근 들어 식재 계획을 수립할 때마다 등장하는 용어다. 생물다양성은 곤충에게 유익한 다양한 식물을 선택해서 해결할 수 있고, 자연포용이란 도시 환경 속에 자연의 요소를 최대한 끌어들이고 보호하는 방법을 통칭하는 표현이다. '벌을 위한 구근식물'도 당연히 여기에 이바지하는 바가 있으므로 특별히 다루어 보도록 하겠다.

개화 순서대로 나열하면 다음과 같다.

—— 크로커스

대형종 크로커스는 2월 말에 피기 시작하고 원종야생 크로커스는 3월 후반에 핀다. 크로커스는 반드시 양지에 심어야 한다. 그렇지 않으면 꽃잎이 열리지 않아 벌의 접근이 불가능하다. 크로커스는 자연번식이 잘 이루어지며 노란색, 흰색, 연보라색, 자주색 등 다양한 꽃색이 있다.

—— 키오노독사

키오노독사 루실리에소형와 키오노독사 포르베시이모든 면에서 더 크고 통통하다. 키오노독사 사르덴시스소형이지만 '일반종'보다 색이 더 짙은 파란색로 구분이 된다. 키오노독사 루실리에가 가장 먼저 3월 초에 피고 나머지가 뒤를 잇는다. 아주 키우기 쉬운 종으로 양지나 음지 모두 적합하다. 자연번식을 잘하며 다양한 파란색 톤으로 핀다.

블루벨꽃에 앉은 벌.

— 아네모네 블란다

흰색 꽃 '화이트 스플렌더White Splendour', 분홍색 꽃 '레이더Radar', 파란색 꽃 '블루 셰이즈Blue Shades'가 있다. 3월에 꽃이 피기 시작하여 어떤 곳에 심었는지에 따라 몇 주 동안 계속 꽃이 핀다. 양지나 반음지 모두 잘 자라며 자연번식이 된다.

— 아네모네 네모로사

4월부터 별 모양의 꽃이 핀다. 연하늘색 꽃이 피는 품종으로 '로빈소니아나Robinsoniana'가 있다. 그늘을 선호하고, 자연번식이 잘되며, 나무 그늘 아래에 환상적인 흰색 카펫을 연출한다.

— 금노랑바람꽃 *Anemone ranunculoides*

낙엽수 아래 축축한 땅이라면 매우 키우기 쉽다. 번식을 잘하고 3~4월 사이에 핀다.

— 코리달리스 카바 *Corydalis cava*

3~4월에 흰색이나 분홍색 꽃을 피운다. 그늘과 유기질이 풍부한 토양을 좋아하며 자연번식한다.

— 코리달리스 솔리다 *Corydalis solida*

같은 시기에 분홍색 꽃을 피우며 토양 조건도 같다. 분홍색과 붉은색이 섞인 꽃을 피우는 품종으로 '베스 에반스Beth Evans'가 있다.

앞에서 언급한 모든 종이 키가 작아서 혼자서건 또는 다른 종과 함께하건

벌에게도 사랑받는 다알리아 'HS 윙크'.

꽃으로 덮인 카펫을 연출하기에 이상적이다. 다음에 소개하는 구근식물은 오르니토갈룸 움벨라툼까지 최대 30센티미터로 키가 좀 더 크다.

— 사두패모

고개를 숙여 연약해 보이는 종 모양의 꽃이 흰색 또는 자주색으로 핀다. 3월 말부터 개화하며 축축하고 그늘진 곳에서 자연번식한다.

— 무스카리

점진적인 색상 차이가 다양한 색조로 나타난다. 모든 톤의 파란색, 파란색과 하얀색의 조합, 순백색, 심지어 분홍색 꽃까지 있다. 짙은 파란색 꽃이 피는 매력적인 품종으로 무스카리 아르메니아쿰 '빅 스마일'*Muscari armeniacum* 'Big Smile', 아주 연한 하늘색 꽃이 피는 '베이비즈 브레스Baby's Breath'가 있다. 가장 빠른 종이 3월 말부터 개화하여 4월 말까지 이어진다. 매우 키우기 쉽고 양지를 선호하지만, 반음지에서도 잘 자라며 자연번식한다.

— 오르니토갈룸 누탄스베들레헴의 고개 숙인 별 *Ornithogalum nutans*

고개 숙인 별 모양 은회색 꽃이 이삭꽃차례로 핀다. 숲 지대 식물로 안성맞춤이라 그늘을 좋아한다. 4월 후반에 개화하고 자연번식한다.

— 스페인블루벨 *Hyacinthoides hispanica*

활엽수 아래에서 거대한 파란색 카펫을 만드는 것으로 유명하다. 흰색 꽃이 피는 '알바Alba', 분홍색 꽃이 피는 '로세아Rosea' 품종도 있다. 세 종류 모두 그늘에서 아주 잘 자라며 자연번식한다.

―― 오르니토갈룸 움벨라툼 베들레헴의 별 *Ornithogalum umbellatum*

양지에서 초록빛이 도는 흰색 꽃이 별 모양으로 핀다. 해가 잘 드는 곳에서 가장 멋진 효과가 난다. 4월 말부터 개화하며 자연번식한다.

다음 마지막 세 종류는 몇몇 예외만 빼면 앞서 본 구근식물들보다 훨씬 크게 자란다. 키는 60~120센티미터 사이로 다양하며, 벌이 좋아하는 구근식물 중에서 가장 눈길을 사로잡는다.

―― 알리움 *Allium*

종류가 무척 다양한데 여기서는 흰색, 분홍색, 보라색 품종을 골랐다. 알리움 니그룸은 흰색 꽃이 5월 중순부터 피고 키가 70센티미터 정도다. 알리움 스티피타툼 '몽 블랑' *Allium stipitatum* 'Mont Blanc'은 5~6월 사이에 흰색 꽃이 피며 키는 1미터 정도다. 30센티미터 미만의 분홍색 꽃이 피는 두 종은 알리움 로세움 *A. roseum*과 알리움 우니폴리움 *A. unifolium*이다. 5월 초부터 연속적으로 피며, 각각 분홍색과 흰색이 섞인 꽃과 진분홍색 꽃이 핀다. 자주색 꽃을 찾는다면 4월 말부터 개화하는 품종으로 알리움 아플라투넨세 '퍼플 센세이션'이 있다. 키는 90센티미터 정도이며 자연번식과 자연발아 모두 잘된다. 120센티미터 키에 인상적인 보라색 꽃을 피우는 알리움 '글라디에이터 Gladiator'는 5월 말부터 꽃이 핀다. 이 알리움들은 모두 양지에서 자란다.

―― 넥타로스코르둠 시칠리아 허니 갈릭 *Nectaroscordum*

1미터 키에 초록색과 검붉은색이 섞인 종 모양의 꽃이 고개를 떨구며 피는데 놀이공원의 회전 그네를 보는 듯하다.

―― **오르니토갈룸 폰티쿰 '소치'** *Ornithogalum ponticum* 'Sochi'

6월 초부터 꽃이 핀다. 70센티미터 높이의 뾰족한 이삭꽃차례로 피는 흰색 꽃은 어떤 식재디자인에서나 독특한 멋을 더해 준다. 양지에서는 해마다 다시 올라온다.

벌을 위한 구근으로 가장 이상적인 것은 살충제나 화학 비료를 사용하지 않은 유기농 구근일 것이다. 관행적으로 화학 비료나 살충제를 사용해서 재배한 일반적인 구근에 비해 유기농 구근의 비율은 아직도 매우 낮다. 하지만 다행스럽게도 건강과 깨끗한 환경에 대한 인식이 강해지면서 유기농 비중도 점점 늘어나고 있고, 유기농 구근을 재배하는 네덜란드 회사도 있다. 아울러 나비재단Vlinderstichting과 벌재단Bijenstichting은 유기농 구근을 판매하는 매장이다. 이곳뿐만 아니라 일반 고객에게 온라인으로 유기농 구근을 판매하는 데 바란드De Warande라는 곳도 있다.

① 베고니아 물티플로라 '라 마들롱' *Begonia multiflora* 'La Madelon'.
② 다알리아 '비숍 오브 요크' *Dahlia* 'Bishop of York'.

여러해살이 여름 개화 구근식물

봄 개화 구근식물과는 달리 여름 개화 구근식물은 땅속에서 겨울을 날 수 없다. 대부분이 아열대·열대 지역이 원산지이기 때문에 서리에 노출되면 죽어 버린다. 하지만 약간의 수고를 감수한다면 수년간 지속하는 여름 개화 구근식물을 키울 수 있다. 어떤 구근식물이 있으며 어떻게 키우는지 살펴보자.

─ 아시단테라 무리엘레 *Acidanthera murielae*

글라디올루스 칼리안투스 '무리엘레' *Gladiolus callianthus* 'Murielae'

아비시니아에티오피아 글라디올러스라고도 부르는 이 구근식물은 진갈색 중심부에 하얀 별 모양의 아름다운 꽃이 핀다. 붓꽃을 닮은 잎이 매력적이라 개화 후에도 10월까지 그대로 둔다. 그 후에 구근을 캐서 잎을 제거하고 바구니에 담아 침실 선반 같은 곳에 둔다. 너무 덥지도 않고 얼지도 않는 공간이어야 한다. 4월 말경에 꺼내서 10~15센티미터 깊이로 화단이나 화분에 심어 준다.

─ 구근베고니아 *Begonia*

화분에 심기에 안성맞춤인 구근식물이다. 요즘은 내가 가장 좋아하는 '레이스 피코티 애프리콧Lace Picotee Apricot', 그리고 '러플드 핑크Ruffled Pink'와 '피코티 화이트 핑크Picotee White Pink' 같은 훌륭한 품종이 나와 있다. 구근베고니아는 촉촉한 땅을 좋아하므로 4월에 물이 쉽게 마르지 않는 커다란 화분에 심는 게 좋다. 괴근의 속은 움푹 파여 있고 가장자리가 둥글다. 이

파인 곳에서 싹이 나오기 때문에 이곳이 위를 향하도록 심어야 한다. 쑥 들어간 부위를 찾기가 어려우면 옆으로 눕혀 심어도 되는데, 이상적인 방법은 아니지만 싹은 올라올 것이다. 괴근은 2센티미터 깊이로 얕게 심는다. 토양은 항상 촉촉할 필요가 있기 때문에 화분을 양지에 두지 말고 음지나 반음지에 두어서 잎이 타지 않게 한다. 흰색, 분홍색, 살구색은 그늘에서 더 선명해진다. 한마디로 어두운 곳을 밝혀 주는 최적의 꽃이다. 6월에서 11월까지 꽃이 핀다. 잎이 죽기 시작하면 괴근을 캘 때가 된 것이다. 몇 센티미터만 남기고 줄기를 자른다. 남은 줄기는 그대로 두면 말라 버린다. 구멍을 낸 상자에 괴근을 담아 섭씨 5~10도에서 보관하고 다음 해에 다시 심어 준다.

── **다알리아**

가장 널리 알려진 종으로 온갖 다양한 형태가 있고 없는 색이 없을 정도로 수많은 색상이 나오므로 누구나 취향대로 고를 수 있다. 다알리아는 3월에 화분에 심어 서리를 맞지 않게 보호했다가 5월 중순쯤 위험이 사라지면 땅에 옮겨 심을 수 있다. 그 무렵이면 뿌리가 자라서 마른 괴근을 사서 바로 땅에 심는 것보다 일찍 꽃을 피울 것이다. 심기 전에 몇 시간 정도 물에 담가서 겨우내 바짝 마른 괴근이 충분한 양의 물을 흡수하게 만든다. 이렇게 하면 새싹이 나오는 데 도움이 된다. 다알리아는 대식가이므로 반드시 충분한 퇴비를 추가해서 심어야 한다. 시든 꽃을 자주 잘라 주면 새순이 계속해서 나온다. 첫서리가 내리면 괴근을 파내는데, 찬 서리의 충격 때문에 성장이 멈추어 이듬해를 위한 에너지가 고갈되는 일을 막기 위해서다. 파낸 괴근은 흙을 깨끗이 털어 내고 신문지에 싸서 어둡고 서리로부터 안전한 장소에 두어 겨울을 나게 한다.

—— 유코미스

길쭉한 파인애플 모양의 독특한 꽃이 피는 종이다. 대체로 아름답다기보다는 독특하다고 묘사되지만 잎이 진한 '스파클링 버건디Sparkling Burgundy'는 정말 아름다운 품종이다. 겨울에도 서늘하고 서리를 피할 수 있는 화분에 심는 게 좋다. 원래 축축한 경사지에서 자라는 식물이기 때문에 흙이 마르지 않도록 주의하고 때때로 물을 주는 것이 좋다. 4월에 화분에 심고, 다시 더 큰 화분에 옮겨 준다. 직사광선이 들어오지 않는 밝은 곳에 둔다.

① 튤립꽃 바로 아래 부위의 줄기에 구멍을 뚫어 주면 성장을 늦출 수 있다.
② 한해살이 관상용 그라스와 함께 꽂은 다알리아 부케.

절화용 구근식물

나는 정원에서 튤립이나 수선화를 잘 꺾지 않지만 1월부터 집안에서 봄의 기운을 느끼고 싶어질 때가 있다. 그래서 튤립이나 수선화, 무스카리 또는 다른 구근식물을 사서 꽃다발 만드는 일을 즐긴다.

꽃병에 꽃을 꽂을 때는 전에 담았던 꽃의 흔적이 보이지 않도록 꼼꼼하게 씻어야 한다. 꽃병이 깨끗해야만 꽃도 오래간다. 취향에 따라 봄꽃에 산딸나무나 버드나무 가지, 개나리나 매실나무 가지를 섞어도 좋다. 이렇게 하면 나뭇가지가 절화의 연약한 꽃대를 받쳐 주는 지지대 역할을 하며 볼륨감도 선사한다. 하지만 심플한 방식으로 튤립이나 수선화 또는 다른 꽃 한 종만으로 채워도 좋다. 다음은 각 종류별로 지켜야 할 사항을 설명하는데, 제대로만 따른다면 화병에서 가능한 한 최대로 오래 볼 수 있을 것이다.

── **튤립**

튤립은 꽃병에서도 자라는 습성이 있는데 그 때문에 한쪽으로 기울어질 우려가 있으므로 높이가 있는 꽃병을 고른다. 튤립꽃을 사 온 후에는 집안에 적응시키기 위해 포장지로 싼 채 어두운 곳에 한 시간 정도 둔다. 꽂을 때는 줄기를 비스듬히 자르고 꽃 바로 밑의 줄기에 바늘로 구멍을 뚫는다. 그렇게 하면 성장을 멈춘다. 꽃병을 약간의 찬물로 채운다. 물이 너무 많으면 그 물을 다 마셔 흐물거린다. 매일 꽃병에 물이 남아 있는지 확인하며 직사광선은 피하되 밝은 곳에 둔다. 과일바구니에 너무 가까이 두어서도 안 된다. 과일에서 발산하는 에틸렌 가스가 꽃을 시들게 만든다. 이것은 모든 구근식물의 꽃에 다 적용된다.

── 수선화

정말 단순한 꽃처럼 보이지만 역시 수선화만이 가진 뜻밖의 기질이 있다. 튤립과 마찬가지로 깨끗한 꽃병에 약간의 물만 필요하다. 줄기는 비스듬히 자르는데, 문제는 그다음이다. 수선화는 끈적한 물질을 발산하여 다른 꽃들을 상하게 한다. 따라서 수선화만 꽃병에 꽂거나 몇 시간 정도 따로 물통에 담아 점액을 제거해 준다. 그 처리를 한 후에는 다른 꽃과 섞어도 좋다.

── 무스카리

꽃병에서 성장을 계속하기 때문에 적어도 3센티미터 정도 줄기를 자르고 여분의 잎도 잘라 준다. 오래 유지되도록 설탕을 한 스푼 탄 미지근한 물을 계속 추가해 준다.

── 히아신스

줄기 밑부분의 구근 조각이 꽃을 오래 유지시키고 수분이 잘 흡수되도록 하는 비결이기 때문에 그 부위를 절대 잘라서는 안 된다. 사흘마다 물을 갈아 주는데, 서늘한 곳에 두지 않으면 개화가 너무 빨라 곧 시들어 버린다. 히아신스는 5~10일 정도 유지된다.

── 알리움

모든 종을 비스듬하게 자른 후 즉시 찬물에 담근다. 5일마다 물을 갈아 주고 그때마다 줄기를 1센티미터 자르면 꽃이 오래 가는데, 말라 가는 동안에도 제법 오래 매력적인 모습을 유지한다.

—— **아네모네 코로나리아**
　봉오리 상태에서 잘라야 하며 즉시 꽃병에 담는다. 찬물을 조금만 부어야 하는데 그렇지 않으면 줄기가 부러진다. 물이 있는지 규칙적으로 확인한다. 직사광선을 피하고 꽃병에 식초를 조금 뿌리거나 구리 동전을 넣으면 꽃이 오래 유지된다.

검붉은색 다알리아와 함께 심은 루드베키아 히르타 '프레리 선' *Rudbeckia hirta* 'Prairie Sun'과 큰개기장 '폰테네' *Panicum virgatum* 'Fontäne'. 털수크령 *Pennisetum villosum*.

어디서나 심을 수 있는 구근식물 181

세계 곳곳의 구근식물 식재디자인 사례

4.

쾨켄호프

온갖 구근식물을 통틀어 봄 개화 구근식물 분야에서 전문가로 열성적인 활동을 펼친 지 10년이 되어 갈 무렵인 2003년 봄에 꿈같은 프로젝트를 맡게 되었다. 바로 네덜란드 리서Lisse에 있는 세계적으로 유명한 쾨켄호프Keukenhof에서 공원의 일부를 새롭게 조성하는 일이었다. 당시 총책임자로부터 미팅을 하자는 연락이 왔고, 32헥타르약 32만 제곱미터에 달하는 공원 중에서 4헥타르약 4만 제곱미터의 구역을 완전히 새롭게 조성하는 일을 맡게 되었다. 정확히 말하면 빌렘-알렉산더 파빌리온Willem-Alexander Pavilion과 오라녀 나쏘 파빌리온Oranje Nassau Pavilion에서 쾨켄호프 풍차 뒤편의 일본 정원까지 동북부 모든 구역을 포함하는 일이었다.

1949년에 디자인된 배치는 너무 구식으로 전락했고, 해를 거듭하며 구근식물이 웃자라게 되었다. 그래서 나에게 프로젝트를 맡긴 이들은 공원이 낡아빠진 이미지를 털어 내고 보다 현대적으로 변신하여 새로운 젊은 층의 방문객을 끌어들이기 원했다.

그때까지 쾨켄호프는 네덜란드의 모든 구근식물 재배업체나 수출업체에게 살아 있는 카탈로그 역할을 해 왔다. 이들은 해마다 직접 키운 구근식물을 선보일 수 있는 자리를 확보했다. 정사각형이나 원형, 직사각형 또는 어떤 모양이건 간에 화려한 색상으로 오직 한 종류나 기껏해야 두 종류, 아주 드물게 세 종류로 부자연스럽게 배치하며 공간을 채웠다. 이렇게 깔끔하게 배치를 하면 재배업체나 수출업체 공동조합의 '소비자'나 외국 고객

들이 돌아다니며 어마어마한 종류의 구근식물 가운데서 선택하기가 훨씬 수월했다. 하지만 정원이나 발코니에 심어 멋지게 연출하는 방법에 관한 아이디어는 볼 수 없었다. 그 때문에 총책임자는 일부 구역을 녹지대와 화단을 포함하는 모델 정원으로 만들어 주택정원이나 공공정원에서 구근식물을 활용할 수 있는 방법을 보여 주자고 생각했다. 그것이 내가 맡은 일이었고, 염두에 두어야 할 키워드는 '혁신', '영감', '교육'이었다.

나는 곧 작업에 들어갔다. 다음 몇 달간 도면을 그리고 때때로 총책임자, 이사회와 미팅을 하면서 도면을 발전시켜 나갔다. 2004년 초에 도면이 승인되고 배치를 시작할 수 있었다. 새 도면에는 일곱 개의 '영감을 주는 정원'이 포함되었는데, 서로 크기가 조금 다르기는 했지만 실제로 평균적인 네덜란드 주택의 뒤뜰 크기와 비슷했다. 각 정원마다 '그늘 정원', '파티오 정원', '원형 정원', '전통적인 도시 정원'처럼 하나씩 테마가 있었다. 이런 모델 정원 외에도 '꽃 리본'이 있었는데, 폭 2미터에 길이는 서로 다른 14개의 띠 화단이 넓은 중앙 잔디밭 위로 화려한 리본 모양을 만들도록 디자인했다. 해마다 유행하는 색을 전시하기 위해 봄 개화 구근식물을 여러해살이 풀이나 작은 관목과 조합해서 식재하는 것이 주된 아이디어였다. 동시에 이 조합들이 공공 녹지공간에서 계절별 화단의 실례로 이용될 수 있도록 했다. 차가운 북동풍이 불어오는 가장자리 구역에는 흙을 더 추가해서 낮은 둔덕을 만들었는데, 그 높이 덕분에 어느 정도 바람막이 역할을 해 주었다. 둔덕에는 여러 색을 조합한 제비꽃을 바탕으로 심고 거기에 어울리는 봄 개화 구근식물을 추가해서 '제비꽃 언덕'이라 이름 지었다.

풍차로 연결되는 다리를 건너서 만나는 풍차 앞의 광장은 커다란 튤립 모양으로 새로 디자인하여 풍차 위에서도 잘 보이도록 했다. 빌렘-알렉산더 파빌리온으로 이어지는 지루하고 거대한 잔디밭은 크로커스부터 늦게 개

화하는 원종튤립까지 키가 작으면서 자연번식이 잘되는 구근식물 수천 개를 식재하여 '봄의 들판spring meadow'으로 탈바꿈시켰다. 봄의 들판 동쪽으로는 커다란 여러해살이풀 화단도 만들어 브루네라, 유포르비아, 일찍 자라는 숙근제라늄 여러 종과 매발톱 등 봄에 피는 식물을 심었다. 해마다 그 사이로 색이 다른 원예종 튤립을 조합하여 심었는데 한 해는 흰색과 분홍색, 다음 해는 주황색과 노란색, 또 그다음 해는 분홍색과 붉은색의 조합 같은 방식이었다. 하이라이트를 이룬 곳은 봄의 들판 서쪽의 '신부의 꽃길bridal avenue'이었다. 마주 보도록 휘어진 배나무 아치 아래로 구불구불한 길을 걸어가는데 양쪽으로는 개화가 이른 종부터 늦은 종까지 봄 구근식물의 꽃이 여러해살이풀 사이로 흩어져 피어나고 전체 화단의 색상은 흰색, 크림빛이 도는 흰색, 연보라색, 연분홍색으로 구성된 은은한 톤이었다. 신부 사진을 찍기에 완벽한 무대였고, 이전에 예비 신혼부부들이 사진 배경으로 삼았던 화려한 색이 연속적으로 펼쳐지는 반대편 화단과는 대조적인 풍경을 선보였다. 쾨켄호프가 대중에게 공개되었을 때 첫 긍정적인 반응들이 들려오기 시작했다. 하지만 이사회에서 반대하는 조짐도 보였다. 온통 제비꽃으로만 뒤덮인 초봄의 제비꽃 언덕을 탐탁지 않게 여겼지만 그 사이로 구근이 올라오기 시작한 다음 몇 주간의 반응은 점점 더 열광적으로 변해 갔다. "여긴 제비꽃 공원이 아니라"며 투덜거리던 불만은 다시는 들려오지 않았다. 그다음 해에도 내가 만든 기존 요소를 기반으로 새로운 식재 도면을 계속 만들었다. 쾨켄호프의 이 새로운 구역은 찬사를 받았다. 다른 식물과 구근을 함께 조합했다는 특이한 사실 때문에 네덜란드뿐만 아니라 외국의 언론과 영화 제작자도 여러 번 인터뷰를 요청했다.

하지만 시간이 지나자 사람들은 싫증을 느꼈다. 이사회 임원들은 이런 화단이 지저분하고 질서가 없으며 구근식물에 충분한 초점을 맞추지 못한다고 생각했다. '봄의 들판'이 먼저 사라질 것이었다. 그다음은 제비꽃 언덕으로 새로운 디자인은 전시 입찰업체의 손에 넘겨졌다. 이들은 내게 조언을 구하기는 했지만 이전과는 완전히 다른 디자인을 제안했다. 영감을 주려고 의도했던 정원에는 이상한 조형물이 등장하기 시작했고 첫 2~3년 동안 매력적인 야외 공간이었던 정원을 아주 다른 곳으로 변형시키고 말았다. 새로 임명된 책임자와 공원 관리 매니저는 더는 나의 아이디어에 관심이 없었다. 결국 2011년을 끝으로 쾨켄호프 프로젝트와는 작별을 고했다. 나는 여전히 신품종이나 새로운 변화를 보기 위해 규칙적으로 방문하지만 과장되고 화려한 색 조합을 하던 옛날 방식으로 돌아가 버렸기 때문에 영감을 받을 일은 결코 없을 것이다.

다시 말하지만 단연코 그건 아니다. 이런 생각은 시기심에서가 아니라 좋은 기회를 놓쳐 버렸다는 안타까움에서 나온 것이다. 같은 생각을 하는 사람이 나 말고도 더 있었다. 2005년과 2011년 사이에 쾨켄호프를 방문했던 수많은 사람이 아쉬운 마음으로 뒤돌아보며 "가볍게 나부끼는 조합, 은은한 색조, 새로운 생각이 넘쳐나는 장소"였다고 느끼고 있었다. 그 모든 것이 사라져 버리자 못내 안타까워 한숨 쉬는 소리를 자주 듣곤 했다.

플로리아드 2022

플로리아드는 10년마다 네덜란드에서 열리는 국제 원예 전시 행사를 말한다. 행사 후에 도시 위상이 높아지기 때문에 많은 도시에서 60헥타르약 60만 제곱미터에 달하는 임시공원을 조성할 수 있도록 일부 토지를 제공하며 지원했다. 4월부터 10월까지 6개월간 이 임시공원은 매력적인 녹색 공간에서 원예 분야의 최신 발전상을 보여 주는 무대가 되었고, 전 세계에서 참가자들이 몰려왔다. 2022년에는 행사를 유치할 도시로 알메러가 선정되었다.

식재디자이너로 일하면서 나는 매번 플로리아드를 거치게 되었다. 묘지 식재디자인으로 상을 받았던 1982년 플로리아드는 암스테르담 남동부에서 소규모로 열렸는데 이후 점점 더 확장되며 대규모 행사로 발전했다. 1992년 주터미어Zoetermeer에서 진행된 플로리아드에서는 보스콥Boskoop 육묘장의 요청으로 전시장 내부의 여러해살이풀 식재를 담당했고, 2002년 할레머미어Haarlemmermeer의 플로리아드에서 역시 같은 작업을 맡았다. 여러해살이풀로 음지 화단 몇 곳을 디자인해 달라는 의뢰를 받았고, 입구 홀을 여러해살이풀로 장식하는 일도 맡았다. 2012년 펜로Venlo에서 열린 행사에서는 봄과 여름 개화 구근식물을 심어야 하는 모든 화단을 디자인했다. 책을 쓰는 지금 언급하는 2022년 알메러 행사는 내가 참여한 다섯 번째 플로리아드인 셈이다.

플로리아드가 열렸던 현장은 앞으로 700채의 주택이 들어서는, '호르투스Hortus, 정원'라는 행사에 걸맞은 이름을 지닌 주택가로 변신할 예정이다. 집

주변으로는 최대한 넓은 녹지대를 확보하여 지속 가능한 '녹색 마을'의 모델이 될 것이다. 동네는 30×50미터 크기의 192개 단위로 구성되고 모두 4미터의 녹색 화단으로 둘러싸였다. 화단은 나무와 관목, 여러해살이풀 그리고 해마다 꽃을 피울 봄 개화 구근식물로 채워질 것이다. 식물 배치를 특색 있게 하자는 계획안은 초기부터 의논되었다. 모든 식재 구역의 가장자리는 '수목원'의 일부가 되도록 하여 알파벳순으로 나무를 심되 관목, 여러해살이풀, 구근식물과 함께 섞어 심는 것이었다. 각 구역의 이름을 하나의 알파벳으로 정했다. 북서쪽 코너를 A로 시작하고 남동쪽 코너가 Z로 끝나도록 서쪽에서 동쪽으로, 북쪽에서 남쪽으로 이름이 배정되었다. 알파벳은 26개이지만 식재 구역의 수는 192개였기 때문에 여러 이웃하는 화단들은 같은 알파벳을 배정하고 점차 다음 알파벳으로 넘어가도록 정했다. 각 화단의 알파벳은 어떤 식물을 배치하느냐에 따라 결정되었다. 예를 들어 A 화단은 단풍나무*Acer*, 아스틸베*Astilbe*, 투구꽃*Aconitum*, 아네모네*Anemone*, 알리움*Allium* 등을 조합했다. 식물 순서는 학명순에 따랐다. 물론 학명보다 일반명이 더 익숙할 수도 있지만 살아 있는 식물도서관이 만들어진 셈이다. 각 화단의 식물이 다 다르기 때문에 식물 애호가들에게는 매우 다양한 식물을 접할 수 있는 무척 흥미로운 기회를 제공할 것이었다.

식재 도면을 디자인하는 일은 작은 팀이 맡게 되었는데 나도 그 구성원 중 하나였다. 우리 세 사람은 변화무쌍한 효과를 주는 디자인을 구상하느라 오래 고심했다. 알파벳의 제약뿐만 아니라 감당해야 할 다른 조건도 있었다. 식물 조합은 공공이나 개인 정원에 적합한 것으로 사계절이 최대한 반영되어야 했고, 식물은 단순히 장식적인 기능을 뛰어넘는 다른 역할도 해야만 했다. 먹을 수 있는 식물이나 향기가 나는 식물, 곤충이나 새를 유인하는 식물이 높은 비중을 차지해야 한다는 요구조건도 있었다. 하지만 가

장 중요한 요소는 현장의 조건에 맞추는 것이었다. 토양은 양분이 풍부하며 일부는 점토질로 물 빠짐이 늘 좋지는 않았다. 다시 말해 수분 함량이 매우 높아서 배초향Agastache이나 에키나세아Echinacea처럼 건조한 토양을 좋아하는 식물에게는 치명적일 수 있고, 이런 식물을 심으면 오래 살아남기 어려울 수 있었다. 지속 가능한 식재는 또 다른 조건이었으므로 전체 식물 목록에서 이러한 식물은 배제될 수밖에 없었다. 모든 구역을 디자인하는 데 2년이 걸렸다. 마침내 2020년 6월 관목과 여러해살이풀을 사용하여 첫 구역의 화단 식재를 시작할 준비가 되었다. 대부분 나무는 이미 지난해에 심었다. 18만 개의 여러해살이풀과 수만 그루의 관목을 2년에 걸쳐 모두 심었다. 아울러 2021년 가을에는 40만 개의 봄 개화 구근식물을 심었다. 엄청나게 힘든 도전이자 많은 공부를 할 수 있었던 과정이었지만 2022년 4월부터 10월까지 첫 단계의 작업이 꽃을 피우기 시작하면서 그 과정은 절정에 다다랐다. 전체 구역이 앞으로 다가올 해에 점점 더 아름답게 변모해 갈 것이다. '호르투스'의 주민들은 그렇게 1년 내내 다양한 흥밋거리를 제공하는 녹색 동네에 살게 되었다는 사실을 커다란 행운으로 여겨야 할 것이다.

독일

독일에서 진행한 일련의 프로젝트는 2000년 하노버엑스포에서 독일관 입구 식재를 담당하면서 시작되었다. 꽃이 피는 거대한 초지flower meadow의 중심에는 MVRDV위니 마스, 야콥 판레이스, 나탈리 드프리스가 네덜란드 로테르담에 설립한 건축사무소가 디자인한 독특한 건물이 설치되어 있었다. 여름에 가장 아름다운 초지에 야생화, 그라스, 그리고 다알리아 위주의 여름 개화 구근식물을 조합했다. 그 식재가 시선을 끌었다는 사실을 알 수 있었던 것은 9월에 오스나브뤼크Osnabrück 인근 마을 바트 에센Bad Essen에 있는 이펜부르크성Schloss Ippenburg의 소유주인 빅토리아 프라이프라우 폰뎀부셔Viktoria Freifrau von dem Bussche 남작부인으로부터 연락을 받았을 때였다. 그는 자신의 대저택에서 모델 정원으로 여름 전시를 준비하기 시작했는데 나에게 함께 작업에 참여해 줄 수 있는지를 물었다.

나는 현실적으로 2004년까지 시간을 낼 수 없었지만, 그 이후부터는 해마다 변하는 주제에 맞게 새로운 아이디어를 제안하도록 의뢰를 받았다. 곧 2009년이 되었고 이펜부르크성은 2010년에 열리는 지역의 가든쇼 Landesgartenschau 행사에 포함되었다. 4월에서 10월까지 계속되는 이 가든쇼는 식물과 식물 조합이 대표적인 주제를 이루었다. 남작부인은 온갖 열정을 다 쏟아 잔디밭을 파헤치며 최대한 다채롭고 풍성한 식물 조합을 선보이려고 애썼다. 이전에는 잔디만 깔려 있었던 저택의 앞마당 전체가 거대한 꽃의 바다로 변신했고, 뒤뜰은 그 뒤의 공원으로 이어지는 중심축을 따라

여러해살이풀 화단이 추가로 조성되었다.

식재 도면은 봄, 여름, 가을 개화 식물을 모두 포함해야 했다. 다시 말해 여러해살이풀 기반에 봄, 여름 개화 구근식물과 한해살이풀, 두해살이풀까지 추가해야 했으므로 할 일이 매우 많았다. 같은 일에 종사하는 두 친구와 나는 2009년 11월 '금장' 수도꼭지로 장식된 욕실과 네 개의 기둥이 받치는 침대, 중세 태피스트리가 걸린 현관이 있는 그곳에서 2주간 머물렀다. 맛있는 아침과 점심, 저녁을 대접 받으며 우리는 수백 개의 식물과 수천 개의 구근식물을 배치하느라 며칠을 보냈고 식재는 모두 여성으로 이루어진 러시아 정원사들이 맡았다. 정말 기억에 남을 만한 시간이었다! 그다음 해에 구근식물의 꽃이 피기 시작하자 기쁨은 배가 되었다. 날씨는 황홀했고 봄에서 여름으로 계절이 바뀌며 때맞추어 올라오는 여러해살이풀에 어울리는 여름 한해살이풀과 여름 개화 구근식물을 추가로 배치해 점차로 다채로운 경관이 펼쳐지도록 만들었다. 결과는 모두가 만족했다!

옛말에 '결혼은 또 다른 결혼을 낳는다'는 말이 있다. 이 말은 작업 의뢰에도 적용할 수 있다. 어떤 일이 성공을 거두면 반드시 비슷한 작업을 새로 해 달라는 요청이 들어오기 마련이다. 그렇게 2011년에는 아나벨 그래핀 폰 은하우스전Annabelle Gräfin von Oeynhausen 백작부인에게서 연락이 왔다. 원래 피트 아우돌프Piet Oudolf의 디자인에 근거한 바트 드리부르크Bad Driburg의 거대한 공원에 여러해살이풀 화단을 막 조성한 참이었다. 그래플리허 파크Gräflicher Park라는 이름의 이 공원은 '건강과 균형을 위한 리조트'를 지향하는 곳으로 고객이 호화로운 환경에서 휴식을 취하며 에너지를 재충전하는 공간이었다. 1년 내내 손님이 있기 때문에 공원은 최대한 오랜 기간 매력적으로 보여야 했다. 구체적인 요구 사항은 피트 아우돌프가 디자인한 정원에 봄 개화 구근식물을 심는 일이었다. 나는 2011년 여름에 어떤 장소인지 이해하기 위해 그곳을 방문했다. 사진을 찍고 도면을 그리기 시작했고 그해 가을에 바로 식재에 들어갔다. 정원사와 함께 수천 개의 구근식물을 심었는데 2012년 이른 봄에 동화 속 같은 풍경이 연출되었다. 또 하나의 미션을 완수한 셈이다!

영국 클럼버파크

나의 첫 영국 작업은 2018년에 좀 느닷없이 시작되었다. 영국의 조경 회사 해리스버그Harris Bugg로부터 "당신의 열렬한 팬입니다"라는 내용의 이메일을 받았다. 내셔널트러스트National Trust 사적 보존단체가 진행하는 거대 프로젝트 입찰에 4강 후보로 진출했는데, 만약 최종적으로 선발이 된다면 나와 식재디자인 파트너십을 맺고 싶다고 했다.

7월 말 마침내 해리스버그가 최종 경쟁에서 선발되었을 때 모든 것이 확정되었다. 우리는 즉시 앞으로 해야 할 작업의 계획에 들어갔다. 장소는 클럼버파크Clumber Park로 셰필드Sheffield 동부의 노팅엄셔Nottinghamshire에 있는 1600헥타르약 1600만 제곱미터에 달하는 풍경식 공원이었다. 1768년의 기록에 따르면 "어느 귀족도 이렇게 왕자에게나 어울릴 법한 저택을 가진 적이 없었다"라고 했다. 이 프로젝트로 공원의 일부가 약 8년간에 걸쳐 대대적인 보수작업에 들어갈 예정이었다. 이전 소유주였던 뉴캐슬Newcastle 공작의 거대한 저택이 있던 곳 주변이 주요 대상이며, 거기에는 공작이 지인들과 함께 휴가를 즐겼던 '놀이마당'이 포함되었다.

같은 해 11월 15일 나는 동커스터Doncaster로 날아갔다. 공항에서 택시를 타고 클럼버파크 이웃 마을인 워크숍Worksop에 도착했다. 클럼버파크는 마술 같은 곳이었다. 작은 연못들과 끝없는 잔디밭, 크고 작은 숲지대와 환상적인 텃밭정원이 있었고 정원에 있는 가장 기다란 온실은 내셔널트러스트가 관리하고 있었다. 아주 좁고 우아한 구조물로 길이가 130미터나 되었고 13개의 구역으로 나뉘었는데, 이전에는 뉴캐슬 공작의 가족을 위해 포도, 복

숭아, 감귤 등을 재배하던 곳이었다.

잠시 샛길로 빠졌다. 할 일이 태산 같은데 말이다. 공책 한가득 빼곡히 메모하고, 수많은 사진을 찍고, 조경회사 공동대표인 샤를로트Charlotte와 휴고Hugo랑 우선순위를 정해 리스트를 만들었다. 시더 애버뉴Cedar Avenue를 가장 먼저 손댈 곳으로 정했다. 고택에서 텃밭정원으로 가는 주 통로이자 공작의 산책로로도 알려져 있었다. 서른 그루의 거대한 삼나무가 서 있는 이 길은 그 자체만으로도 한없이 웅장했다. 만약 그곳에서 3월부터 계속 봄 개화 구근식물이 수천 송이의 꽃을 피운다면 봄에는 잠시나마 얼마나 다른 풍경이 펼쳐질까? 매우 도전적인 일이었지만 나는 자신이 있었다. 우리는 3월 말에 다시 그곳을 방문하여 4월 초에는 어떤 구근식물이 이미 식재되어 있는지, 그럴 때 어떤 식으로 다음 단계를 진행할지 의논하기로 했다.

2019년 4월 2일 나는 다시 클럼버파크를 찾았고 더 구체적으로 세부사항을 꼼꼼히 기록했다. 시더 애버뉴의 규모를 측정하고 이 시기에 빛의 변화를 기록하며 토양 테스트와 아울러 시더 애버뉴와 바로 연결되는 텃밭정원 시작 지점에도 연이어 봄 개화 구근식물을 심을지 등을 기록했다. 이런 사실을 바탕으로 네덜란드로 돌아온 후 다음과 같은 요구사항에 맞는 구근식물을 선택하여 도면을 그리기 시작했다.

- 반그늘이나 너무 깊지 않은 그늘에서 자라기에 적합한 구근식물을 고를 것
- 비교적 어두운 곳에는 밝은 색 꽃을 피우는 구근식물을 고를 것, 흰색 톤만 사용하기로 했던 초안을 수정해 연하늘색부터 진한 청색까지 다양한 파란색 톤과 여러 가지 크림색, 연노란색을 추가해 훨씬 흥미롭고 가치 있는 공간으로 만들 것

- 2월 말부터 5월 초까지 다양한 종의 꽃이 연속적으로 피어나며 개화기가 오래 지속될 수 있게 할 것
- 다양한 높이와 서로 다른 꽃의 형태가 조화를 이룰 것
- 해를 거듭하며 자연번식할 수 있는 구근식물을 선택할 것

최종적으로 수선화, 실라, 키오노독사, 푸시키니아와 아네모네 네모로사, 무스카리 등 8만 개 이상의 다양한 구근식물을 위한 도면이 완성되었다.
구근식물 주문은 일찍 할수록 원하는 식물을 거의 모두 구할 수 있다는 장점이 있다. 다행히 이 정원 역시 마찬가지였다. 주문이 끝나자 식재 일정을 잡기가 훨씬 수월해서 학교가 쉬는 10월 말의 1주일로 결정했다. 이 기간은 '자원봉사자'로 식재에 참여하기 원하는 수많은 학생, 학부모를 쉽게 찾을 수 있는 시기였기 때문이다.
선택된 12종의 구근을 사용하여 하나도 힘들이지 않은 듯 최대한 '야생적인' 느낌을 연출해야 했기 때문에 상당히 복잡하고 주도면밀한 작업이었다. 12종의 구근식물을 28개의 상자에 나누어 담고 각 상자를 줄지어 늘어선 삼나무 두 그루마다 사이에 배치했다. 상자마다 수선화 50개, 푸시키니아 150개, 실라 500개 등으로 같은 수량의 구근식물이 들어 있었다. 구근식물 혼합체가 바닥에 뿌려지고 상자가 비워지면 다시 같은 혼합체로 상자를 채웠다. 처음에 조합한 구근식물이 모두 바닥나자, 끝으로 남아 있던 구근식물을 불규칙하게 분배해서 상자에 담아 마지막에 흩어 심도록 했다. 이렇게 해야 가장 자연스러운 인상을 줄 수 있기 때문이다.
매일 봉사자 스무 명과 우리가 함께 작업한다면 닷새 정도면 시더 애버뉴의 식재를 마칠 것이라 계산했다. 하지만 모든 일이 계획대로 되지는 않는 법이다. 첫날인 월요일 날씨는 화창했고 수많은 아이와 학부모가 도착했다.

물론 제멋대로 하도록 내버려 둘 수 없었기 때문에 "구근 밟지 말기, 깊게 구멍 파기, 구멍마다 하나씩만 심기, 나무 몸통에 너무 가까이 심지 말기" 등의 지시사항을 알려 주었다. 하루가 끝날 무렵 우리는 모두 완전히 녹초가 되었다. 다음날은 비가 와서 사람들이 많이 오지 않았다. 그래서 여덟 명의 정원사 팀이 보다 신속하게 작업을 이어 갔다. 다음 며칠간 자원봉사자 수는 매일 변동이 있었다. 사흘이 지나자 나는 네덜란드의 다른 프로젝트 때문에 돌아가야만 했다. 밖에서 전 과정을 지시 감독하며 온종일을 보내는 일은 에너지 소모가 매우 큰 터라 이번에는 현장을 떠나는 게 마음에 걸리지 않았다. 다행히 듬직한 정원사들이 있었고 주말에는 거의 모든 구근식물 식재를 마쳤다는 메시지를 받았다. 얼마나 감사한 일인가!

이듬해 봄이면 긴 과정의 대미를 장식할 꽃들과 함께 시더 애버뉴는 새로운 출발을 맞이할 것이다. 나는 2020년 4월 초 방문을 위해 이미 여행 준비를 마쳤다. 그런데 코로나바이러스감염증-19이하 코로나19가 발생했고 여러 해외 프로젝트를 포함한 모든 업무가 완전 중단되었다. 하지만 이런 역병조차 봄 개화 구근식물은 전혀 개의치 않았다. 사진작가를 겸한 열성적인 정원사 실습생이 거의 매주 변화하는 개화 과정을 나에게 찍어 보내 주었는데 내가 예상했던 것과 똑같은 풍경이 전개되었다. 부드러운 톤의 황홀한 꽃 카펫이 거대한 덩치의 나무 아래를 덮고 있었다. 내 눈으로 직접 보고 싶어 안달이 날 지경이었다.

실라 미스첸코아나 *Scilla mischtschenkoana*.

세계 곳곳의 구근식물 식재디자인 사례 211

미국 루리가든

나의 첫 해외 작업은 구근 식재디자인 전문가로 조금씩 이름이 알려지기 시작한 1990년대였다. 하지만 유럽의 울타리를 넘지 않았기 때문에 2005년 미국에서 의뢰가 들어왔을 때 놀람과 동시에 커다란 자부심을 느꼈다. 익히 잘 알고 지내던 피트 아우돌프가 시카고 밀레니엄파크에 속한 루리가든의 식재디자인을 맡게 되었다. 그의 디자인은 언제나 깊은 인상을 남겨 호평을 받았지만 아쉽게도 봄의 대담한 터치가 부족했던 것이다.

시카고의 겨울은 매우 춥고 오래 가서 4월에 온 세상이 녹기 시작하면 모든 이가 밝은 색이 주는 화사함을 그리워한다. 봄 개화 구근식물이야말로 그 역할에 적격이라는 생각에 여러해살이풀과 그라스로 이루어진 기본 바탕에 어울리면서도 봄에 눈에 띄는 효과를 느끼게 해 주며 오래 지속되는 구근식물 식재 도면을 나에게 의뢰해 왔다. 오래 지속된다는 말은 한 번의 식재로 수년간 개화를 즐길 수 있고 자연번식이 잘되는 구근식물을 사용한다는 의미였다. 나는 요청을 수락했고 2005년 9월 시카고로 날아가 식재를 감독하기로 했다.

처음의 결과는 내가 예상했던 모습으로 나왔고 당시 루리가든의 식재 책임자가 정기적으로 개화 과정을 업데이트해 주었다. 하지만 상황이 바뀌어 새로운 책임자가 부임하고 그다음에 또 다른 사람이 맡게 되면서 점점 프로젝트의 성과가 희미해져 가기 시작했다.

내가 다시 시카고를 방문한 것은 2018년 여름으로, 정원작가 콘퍼런스

Garden Writers Conference에서 강연을 하기 위해서였다. 숙소가 밀레니엄파크 부근이라서 하루는 루리가든에 들렀고 마침 당시의 원예 재배 담당 정원사였던 로라 에카세티야Laura Ekasetya를 만나게 되었다. 로라는 매우 활달하고 열성적인 정원사로 2005년에 만든 구근 식재 도면을 전체적으로 재조정해 볼 때가 되지 않았는지 의문을 제기했다. 시간이 지나면서 여러 종이 사라져 새로운 바람을 불어넣을 때가 왔고 예산도 책정이 되었기 때문에 로라의 제안은 수포로 돌아가지 않았다. 다음 해 4월 말경 모든 구근식물이 개화할 무렵 다시 방문하여 남은 구근식물의 상황을 확인하고 그것을 토대로 봄 개화 구근식물 도면을 수정해 디자인하기로 결정했다.

2019년 5월 초에 시카고에 도착했을 때 기온은 겨울과 크게 다르지 않았다. 다음날은 온도가 조금 오르더니 주말에는 티셔츠 차림으로 산책할 수 있었다. 구근식물도 같은 속도로 자라서 초기 디자인에서 살아남은 게 무엇이며 어디에 추가 식재가 필요한지 파악할 수 있는 완벽한 타이밍이었다. 루리가든의 직원은 내가 도착하기 전부터 몇 주간 개화하기 시작한 모든 구근식물을 꼼꼼하게 기록해 두었다. 이 자료를 보며 모든 봄 개화 구근식물이 어떻게 피어나는지 꽤 정확하게 이해할 수 있었다. 새 구근을 추가하는 방법에 관한 다양한 가능성도 검토했는데, 이것은 나중에 네덜란드로 돌아갔을 때 루리가든 전체를 몇 개의 하위 단위로 구분해서 훨씬 수월하게 디자인할 수 있도록 해 주었다. 하위 단위 도면은 A3 용지에 인쇄한 후 비닐 코팅을 해 가을에 식재할 때 기본 정보로 편리하게 사용하도록 나누어 줄 생각이었다.

새로 심을 구근식물은 거의 6만 개에 달했다. 사려 깊은 네덜란드 구근 공급업체의 도움으로 2019년 6월에는 필요한 모든 구근식물을 구해 시카고로 보낼 준비가 되었다. 동시에 로라의 지휘 아래 루리가든의 직원은 세부

프로그램을 만들기 시작했다. 자원봉사자와 어린 학생으로 이루어진 식재 팀의 작업 일정, 가이드가 있는 가든 투어, 이 멋진 정원에 시도하는 새로운 구근식물 사용법 강연 등이었다.

10월에 다시 방문했을 때 모든 것이 완벽하게 준비되어 있었다. 날씨도 좋았고 매일 충분한 수의 봉사자가 식재에 참여했다. 가장 중요한 것은 구근식물이 제때에 정확하게 도착한 것이었다.

가장 먼저 할 일은 특정 종을 함께 섞어 개화기를 최대한 연장할 수 있는 혼합체를 만드는 것이었다. 이 작업은 모든 사람이 무척 놀라며 즐거워했다. 미국인 대부분이 구근식물을 종류와 색깔별로 단정하게 모아서 심기 때문이었다. 정원사들은 흩어진 모든 구근의 위치를 정확하게 파악할 수 있도록 이미 여러해살이풀을 짧게 잘라 두었고, 덕분에 시간 낭비 없이 곧바로 식재를 시작할 수 있었다. 구근을 흩뿌린 후 심는 일 외에도 함께 커피를 마시고, 구근식물의 종류와 조합에 관해 자세히 알려는 호기심 많은 방문객에게 최대한 많은 정보를 제공하면서 신나는 며칠을 보냈다.

1주일이 지나자 모든 식재가 끝났고 앞으로 일어날 일에 대한 기대만 남았다. 구근은 마치 숨겨진 선물처럼 땅속에서 곧 봄이 오기만을 기다릴 것이었다.

하지만 안타깝게도 그때 코로나19가 발생했다. 원래 계획으로는 2020년 5월 새로운 봄 정원을 보기 위해 시카고로 돌아가 루리가든 봉사자들을 위한 특별 강연 프로그램을 진행할 예정이었다. 하지만 시카고를 포함한 전 세계에서 격리가 시작되었고 아무도 보아 주는 이 없이 정원은 홀로 시시각각 변화하는 봄 풍경을 전개해 나갔다. 그 장관을 놓치지 않기 위해 끝없는 토론과 복잡한 서류 작업을 했고, 마침내 드론 촬영 허가가 떨어졌다. 어느 날 이른 아침에 공원 위로 드론이 올라갔고 봄 개화 구근식물이 연출하는 마술적이고 환상적인 장관을 영상으로 목격할 수 있었다. 시카고 시민들은 2021년 봄이 되어서야 비로소 새로운 변화를 즐길 수 있었고 그 엄청난 효과는 2022년 봄에도 여전히 드러났다.

나는 현재 일하고 있는 헤드 가드너와 직원들이 참여하는 정기적인 줌 미팅을 통해 정원의 변화 과정을 예의주시하며 다시 시카고로 돌아가 이 모든 노력의 결과를 내 눈으로 직접 확인할 계획이다.

일본 요코하마 신항 중앙광장

2016년에서 2017년에 걸쳐 요코하마 항구에서 시내 중심부로 이어지는 번잡한 통행로가 포함된 신항 중앙공원의 식재디자인을 맡았다. 이 프로젝트의 배경에는 2012년 펜로 플로리아드에서 만난 일본인 조경가 히라쿠 에이코Hiraku Eiko가 있었다. 거기서 목격한 구근식물 조합의 다양함에 깊은 인상을 받은 그는 연속적으로 개화하는 여러 다른 종을 조합한 방식은 요코하마에서는 결코 볼 수 없는 일이라고 말했다. 아울러 비슷한 프로젝트를 언젠가 일본에 와서 함께 진행해 볼 의사가 있는지도 물었다. 나는 기꺼이 하고 싶다고 답했지만 더는 깊이 생각하지 않았다.

그런데 2016년 3월 요코하마시로부터 초청장이 날아왔다. 2017년 요코하마 전국 도시녹지 박람회National Urban Greenery Fair 2017의 전시장 일부가 될 작은 공원을 새롭게 보수하기 위한 제안을 해 달라는 것이었다. 내가 플로리다에서 했던 조합과 비슷한 환상적인 구근식물 조합을 강조한 매력적인 '서양식' 복합 식재 도면이 나와야 했다. 나는 즉시 여행 준비를 했고 2016년 5월에 현지에서 행사 주최 측을 만나 공원을 방문했다. 도착하자마자 나의 통역이자 든든한 지원군이었던 에이코와 함께 해야 할 일의 목록을 만들기 시작했다. 처음 그곳을 보았을 때는 가슴이 철렁했다. 약 1만 제곱미터 정도 되는 전 구역에는 나무와 잔디가 식재되어 있었고, 그 사이사이로 7제곱미터에서 50제곱미터에 이르는 크고 작은 50개의 화단이 뿔뿔이 흩어져 온갖 화려한 색으로 채워져 있었다. 모든 화단이 하나같이 다

아네모네 코로나리아 '실피드' *Anemone coronaria* 'Sylphide'.

다르고 식재된 종 사이의 일관성도 전혀 없이 여러 식물이 뒤죽박죽 모여 있었다. 형태나 색상이 천차만별이었고 특히 하나의 종을 일렬로 심은 경우가 많았다.

이런 식으로 이미 자라고 있던 식물을 최대한 재활용하는 것도 과제에 포함되었다. 우리는 모든 식물의 목록을 만들고 영상 기록을 남겼다. 동시에 보다 균형 잡히고 일체감을 주기 위해 새로 심을 식물과 뽑아낼 식물을 결정해야 했다. 그날 저녁에는 어떤 종을 보충 식물로 사용할 수 있을지 감을 잡기 위해 쏟아지는 비를 뚫고 거대한 꽃 경매장을 찾아갔다.

7월 1일까지 기본 도면과 거기에 두 번째 층으로 추가되는 구근식물 식재 도면이 갖추어졌다. 녹지박람회는 이듬해 3월 말에 개장하여 6월 중순까지 계속되는데 이 기간 동안 다채로운 색을 선보여야 했다. 요코하마는 프랑스 남부와 비슷한 기후로 기온이 일찍 올라가며 색도 일찍 나타났다. 하지만 행사가 끝나도 식물의 질감이라든가 잎의 모양과 색상을 통해서 공원은 계속 매력적이고 영감을 주는 장소가 되어야 했다. 9월에 이어진 작업은 말 그대로 육체노동이었다. 이를 위해 한 원예재배업체가 선정되어 대부분 여성으로 이루어진 열성적인 수많은 자원봉사자의 도움을 받으며 작업에 들어갔다. 해야 할 일은 식재, 옮길 식물의 재배치, 나중에 이어질 가을 구근식물 식재 준비 등이었다. 나는 원격으로 진행 과정을 보고받았는데 매주 한 번씩, 때로는 매일같이 소식을 접하기도 했다.

11월 후반에 2주 동안 머무르기 위해 나는 다시 요코하마에 도착했다. 식물 재배치를 점검하고 다른 사람들과 함께 구근 식재에 참여하기 위해서였다. 작업은 일종의 워크숍 형태로 진행되었다. 우선 '서양식' 구근 식재 방식에 관한 강연을 한 후에 현장 식재 작업에 들어갔다. 사람들은 지대한 관심을 보여 주었는데 첫날 아침에만 주최 측, 지방 정부 공무원, 원예업체,

자원봉사자 등 50여 명의 관련자를 만났다. 가장 독특한 점은 '일본식'이라 부를만한 그들의 작업 방식이었다. 아침 일곱 시 삼십 분에 일을 시작할 때면 모두가 둥그렇게 원을 만들어 서고 위계 순서대로 몇 사람이 연설을 했다. 이 프로젝트에서 목표는 무엇인지, 기대하는 바가 무엇인지 묻기도 하고 그날 할 일이 무엇인지 알려 주기도 했다. 나도 전체 과정에 관해 설명해 달라는 요청을 받았다. 동시에 누군가는 시간별 작업, 휴식시간, 일과가 끝나고 다시 원형으로 모이는 시간을 기록하고 있었다.

이어지는 날들도 같은 식이었다. 나의 지시에 따라 기본 식재 도면에 약간의 수정을 가하고 나면 식재 차례가 되었는데 정말 즐거운 시간이었다. 전에도 이곳에 구근식물을 심었던 적이 있지만 수백 개 정도에 그쳤고 같은 종을 소그룹으로 모아 심었다. 지금은 12만 개의 구근을 심되 정확하게 줄자로 구근 사이의 간격을 맞추지 않았다. 같은 크기의 소그룹이 아니라 무작위로 흩뿌려지는 혼합식재였다. 구근 혼합체를 수레에 담아 섞은 후 한 줌씩 땅에 뿌리는 방법을 시범으로 보여 주자 자원봉사자들이 앞다투어 따라 했다. 유쾌한 분위기 속에서 대량의 구근이 공중에 뿌려졌는데 높이 오르면 오를수록 더욱 즐거워하며 사진 찍기에 바빴다. 그렇게 하루가 갔다. 수많은 사람의 도움을 받는다는 말은 식재의 속도가 그만큼 빨라지고 2주 후에 나는 한치의 불안감도 없이 집으로 돌아갈 수 있다는 뜻이었다.

2017년 4월에 식재의 결과를 확인하고 여러 건의 강연을 하기 위해 나는 다시 요코하마로 갔다. 작은 공원은 내가 기대했던 풍경을 보여 주었고 주최 측 역시 결과에 기뻐했다. 하지만 나를 가장 만족스럽게 한 것은 요코하마 시민들이 황홀한 색채의 향연이라는 엄청난 즐거움을 누리게 되었다는 사실이다. 수많은 인파가 이른 아침부터 저녁 늦게까지 공원을 거닐고 몇몇 피크닉 장소를 쉴새 없이 드나들며 끝없이 '셀카'를 찍었다. 박람회가

흰색 꽃이 피는 여름 개화 구근식물 글라디올루스 칼리안투스 '무리엘레' *Gladiolus callianthus* 'Murielae'와 보라색 꽃이 피는 꽃배초향 '블랙 애더' *Agastache* 'Blackadder'. 그 앞으로 가우라 '스노버드' *Gaura lindheimeri* 'Snowbird'가 만들어 내는 아스라한 꽃들의 투명한 조합.

진행되는 전체 일정 내내 줄곧 관심을 모았지만 7월의 장마 시즌에 다채로운 풍경이 많이 사라졌음에도 불구하고 사람들의 발길은 계속 이어졌다. 원래는 이른 봄에 초점을 맞춘 한해의 이벤트로 끝낼 계획이었지만, 예상하지 못한 엄청난 성공을 거두자 다음 해, 또 그 다음 해로 연장하기로 결정이 났다. 지금도 여전히 세심한 관리 하에 유지되고 해마다 수많은 일본인이 즐기며 요코하마에서 지극한 사랑을 받는 명소가 되었다. 여성 봉사자들은 지금도 페이스북으로 여러 계절에 일어나는 다양한 변화에 대해 알려 주고 있는데 이런 소식이야말로 흥미진진한 모험을 끝내는 방법으로 제격이 아닐까 싶다.

내가 좋아하는
구근식물

5.

봄 개화 구근식물

봄 개화 구근식물을 모두 다 언급하기란 불가능하다. 그러므로 여기서는 내가 즐겨 사용하는 구근식물을 선별해서 소개하겠다. 선택된 구근식물은 우선 튼튼하고 시각적 효과가 커서 주인공 역할을 담당하거나, 아니면 소박한 모습으로 배경을 이루는 보조 역할에 좋거나, 그저 내 마음에 들기 때문이다.구근식물 목록은 학명순.

알리움 크리스토피이

페르시아의 별

Allium christophii

수많은 알리움 중 하나로 40센티미터 꽃대 위로 투명해 보이는 연보라색 꽃들이 커다란 공 모양으로 핀다. 양지바른 곳을 좋아하며 5월 말부터 개화한다. 약간 키가 작은 식물이나 늦게 개화하는 식물 사이에서 단연코 주인공 역할을 할 만큼 아름답다. 구근은 너무 가까이 심지 말아야 하는데 개화가 시작될 때 꽃이 닿지 않는 게 좋기 때문이다. 벌이 좋아하며 꽃이 지면 마른 씨송이가 흥미를 이어 간다.

알리움 아메티스티눔 '포얼록'

Allium amethystinum 'Forelock'

특이한 꽃 모양 때문에 시선을 사로잡는다. 꽃은 달걀과 비슷한 모양으로 시작해서 공작의 볏처럼 솜털이 꽃 위로 피어난다. 색상 역시 독특해서 처음에는 초록색, 이어서 자주색이 섞인 밤색이 된다. 1미터가 넘게 자라는지라 모험을 즐기는 정원사에게 어울린다. 7~8개만 심어도 화단에 개성을 더해 준다. 관상용 그라스나 양귀비류, 보라색 꽃이 피는 살비아 종류와도 잘 어울린다. 양지 식재.

알리움 니그룸

블랙 갈릭

Allium nigrum

납작한 우산 모양으로 모여 피는 꽃은 흰색이지만 검은색 마른 씨 때문에 때문에 '블랙 갈릭'이라고도 부른다. 내가 좋아하는 구근식물 중 하나인데 워낙 튼튼하고 번식이 잘될 뿐만 아니라 반그늘에서도 잘 자란다. 꽃은 5월 중순에 피며 오래 간다. 꽃이 피는 동안 잎이 마르기 시작하면 그냥 잘라 버리면 된다. 꽃이 피는 동안 내년을 위한 새 구근이 이미 성장을 끝냈기 때문이다. 키가 80센티미터 정도로 자라는 인상적인 종이다.

알리움 로세움

Allium roseum

'앙증맞은 꽃이 피는 알리움' 범주에 들어가는 종으로 30센티미터의 꽃대 위로 자그마한 꽃이 핀다. 하지만 키울만한 가치가 있는 알리움으로, 5월 말에 연분홍색 종잇장 같은 꽃이 피고 연이어 빛나는 붉은색 열매가 달린다. 양지에 배수가 잘되는 토양이라면 많은 자구子球가 달려 꾸준히 자연번식할 수 있도록 해 준다. 알리움 로세움은 잎이 거의 없어서 화분에 심기에도 이상적이다.

알리움 우니폴리움

Allium unifolium

이 알리움 역시 20~30센티미터 정도로 자라며 5월 말에 개화한다. 양지바르고 배수가 좋은 곳에서는 자연번식도 잘된다. 절화용으로 좋고 니겔라Nigella 같은 꽃과 함께 작은 부케를 만들기에도 좋다. 느낌은 다르지만 같은 시기에 개화하는 숙근제라늄 '로잔Rozanne'의 보랏빛 도는 파란색 꽃이나 살비아 네모로사와 조합해도 아주 보기 좋다.

알리움 '바이올렛 뷰티'

Allium 'Violet Beauty'

이 알리움은 섬세하고 투명한 보라색 꽃이 무리 지어 피어난다. 둥그런 꽃차례가 완전한 구형은 아니고 아래가 납작한 반구에 가깝다. 은은한 향이 나며 키는 70센티미터 정도로 자란다. 커다란 꽃차례의 대형 알리움이 때로 압도적으로 두드러지는 것과는 달리 다소곳해서 어디건 심을 수 있다는 것이 이 종의 장점이다. 또 다른 긍정적인 특징은 비교적 늦은 5월 말에 개화하고 번식이 빠르다는 점이다. 양지에 적합하다.

아네모네 블란다
'블루 셰이즈'
Anemone blanda 'Blue Shades'

아네모네 네모로사
'로빈소이아나'
Anemone nemorosa 'Robinsoniana'

따뜻한 곳이라면 일찍 개화하는데 심지어 잎은 2월에 나온다. 10센티미터 높이에 다양한 파란색 톤의 꽃이 3월에 핀다. 양지건 음지건 쉽게 자란다. 어딘가 특별히 잘 자라는 장소가 있다면 해마다 거기서 올라오며 꾸준히 번식해 나갈 것이다. 파란색 톤뿐만 아니라 눈부신 흰색이나 분홍색 꽃도 있다.

야생에서 자라는 흰색 아네모네 네모로사와 관련이 있지만 이 품종은 훨씬 크게 자란다. 회색에 가까운 아주 연한 하늘색 꽃은 활엽 관목 같은 나무 그늘에 배치하면 가장 효과가 좋다. 3월에서 4월까지 개화하며 키는 20센티미터 정도다. 서서히 번식하여 넓게 무리를 이룬다.

카마시아 레이크틀리니이 '알바'

인디언 히아신스

Camassia leichtlinii 'Alba'

카마시아 쿠아마시

인디언 히아신스

Camassia quamash

북미 원산으로 아메리칸 인디언들이 식용으로 즐겼기 때문에 '인디언 히아신스'라고 불렀다. 흰색 꽃이 피는 이 품종은 파란색 꽃을 피우는 다른 카마시아 종보다 개화가 늦어서 5월 말에 꽃이 피기 시작한다. 1미터 정도 높이의 꽃대에 별 모양의 크림색 꽃이 이삭 모양 꽃차례로 피어난다. 꽃이 오래 가며 인상적인 종이다! 약간 촉촉한 양지에서 잘 자란다. 씨송이 역시 관상 효과가 커서 개화 후에도 매력적으로 남아 있다.

연보라빛이 도는 파란색 꽃을 피우는 왜성종으로 키는 30센티미터 정도다. 5~6월에 가녀린 모습으로 개화하기 때문에 초원이나 과수원 같은 곳에 커다랗게 무리 지어 자연스러운 느낌을 풍기도록 식재하는 것이 좋다. 습기 많은 양지를 좋아하지만 약간의 그늘도 견딘다.

키오노독사 포르베시이 '블루 자이언트'

Chionodoxa forbesii 'Blue Giant'

매우 튼튼하며 어디서나 잘 자라고, 해마다 다시 나올 뿐만 아니라 화분 재배도 쉬워서 아주 인기가 많은 품종이다. 중심부가 하얀 연한 파란색 꽃은 3월에 피고 키는 20센티미터 정도로 적어도 3주간 개화가 계속된다.

키오노독사 사르덴시스

소형종 키오노독사

Chionodoxa sardensis

중심부의 흰색이 돋보이는 섬세한 파란색 꽃이 3월에 일찍 핀다. 줄기마다 다섯 송이의 꽃이 달리며 키는 10센티미터 미만이다. 양지나 반음지를 좋아하며 번식도 잘된다. 곤충 피해도 적어서 숲정원에 적합하다. 대량으로 심었을 때 효과가 크며 제곱미터당 최소 50개가 필요하다. 더 일찍 피는 크로커스나 늦게 피는 무스카리와 함께 화분에 심어도 잘 자란다. 직경 30센티미터 화분에 심으려면 15~20개 구근이 필요하다.

크로쿠스 크리산투스
'크림 뷰티'

Crocus chrysanthus

'Cream Beauty'

크로커스속의 수많은 아름다운 종 가운데 하나다. 키우기 쉬우며, 햇빛이 있어야 꽃잎이 벌어지므로 양지바른 곳에만 심으면 풍성하게 피는 꽃을 볼 수 있다. 이 종은 크림빛이 도는 노란색 꽃에 주황색 수술이 있고 키는 5센티미터 정도다.

크로쿠스 토마시니아누스
'바스 퍼플'

조생종 크로커스

Crocus tommasinianus

'Barr's Purple'

가장 이른 개화를 하는 종의 하나로 2월부터 꽃이 핀다. 연보라색 꽃잎의 뒤는 은빛이 나며 키는 10센티미터 정도로 자란다. 자연발아가 왕성하게 일어나기 때문에 번식용으로 가장 좋은 종 중 하나다. 다른 모든 크로커스처럼 햇볕 따스한 날 벌들에게 꿀을 제공하는 첫 꽃에 속한다.

크로쿠스 베르누스 '잔다르크'

네덜란드 크로커스

Crocus vernus 'Jeanne d'Arc'

순백의 꽃잎 가장 아래에 진자주색 무늬가 있는 대형종 크로커스다. 키는 10센티미터로 꽃이 피는 순간부터 놀라운 풍경을 만든다. 여러해살이풀 화단에서 '첫 꽃'의 역할을 담당한다. 5개나 10개, 또는 15개씩 무작위로 조합하여 화단 전체에 걸쳐 흩어지게 심는다.

크로쿠스 베르누스 '뱅가드'

네덜란드 크로커스

Crocus vernus 'Vanguard'

독특한 두 가지 색 조합의 꽃 때문에 내가 가장 좋아하는 품종의 하나로 꽃잎의 바깥쪽은 연보라색에 은빛 광채가 돌며 안쪽은 진보라색이다. '뱅가드'는 '최전방에 있음'을 뜻하므로 가히 그 이름값을 하는 셈이다. 2월 말부터 개화하며 키는 10센티미터 정도로 화분에서도 잘 자란다.

게라니움 투베로숨

괴근 숙근제라늄

Geranium tuberosum

히아신스 '핑크 페스티벌'

다화성 히아신스

Hyacinthus 'Pink Festival'

오랜 개화기가 특징인 숙근제라늄으로 16세기 스페인에서 처음 발견되었다. 회녹색 잎이 겨울의 끝 무렵에 나타나 5월이면 진자주색 줄무늬가 있는 연보라빛 꽃이 피고 키는 30센티미터 정도로 자란다. 개화가 몇 주 동안 지속되므로 탁월한 선택이라 할 만한 종이다. 꽃이 지면 꽃도 잎도 모두 다음 해까지 사라진다. 건조하고 양지바른 곳에서 잘 자라며 번식도 잘된다.

히아신스 대부분은 꽃이 너무 무거워 늘 엎어지기 때문에 다루기 어려운데 '페스티벌' 시리즈는 훨씬 가벼운 느낌으로 하나의 구근에서 여러 줄기가 나오며 섬세한 꽃이 달린다. 분홍색 외에도 흰색과 파란색 꽃이 피는 히아신스도 있다. 따뜻하며 건조한 자리에서는 한 번 심으면 해마다 달콤한 향기를 풍기며 다시 올라온다. 연하늘색 꽃을 피우는 무스카리나 향기별꽃과 함께 화분에 심어도 좋다.

향기별꽃

봄 별꽃

Ipheion uniflorum

잘 알려지지 않아서 그다지 인기는 없지만 꼭 심어 볼 만한 가치가 있다. 보통 첫해에는 제대로 자라지 못하는데 양지에 심는다면 두 번째 해부터는 잘 번식할 것이다. 3월에서 6월 사이에 개화한다.

무스카리

포도 히아신스

Muscari

무스카리는 짙은 그늘만 아니라면 어디서나 잘 자라고 종 대부분이 왕성하게 자연발아한다. 소박한 꽃이지만 여러해살이풀 화단의 가장자리 또는 번식이 잘 되는 다른 구근식물들과 함께 꽃이 피는 초지를 조성하거나, 발코니와 파티오의 화분에서 키우기에도 좋다. 가장 일찍 개화하는 종은 무스카리 라티폴리움 *Muscari latifolium*으로 하나의 넓적한 잎에 위는 연하늘색, 아래는 진한 청색 두 가지의 색이 혼합된 꽃이 핀다. 키는 25센티미터 정도이며 꽃은 3월 말부터 핀다. 무스카리 아주레움*M. azureum*의 꽃도 같은 시기에 피는데, 키는 15센티미터 정도 되며 잎은 거의 없고 하늘색 꽃이 핀다. 다른 무스카리의 주 개화기는 모두 4월이며 이때부터는 진청색, 하늘색, 흰색, 청백 이중색, 심지어 '핑크 선라이즈Pink Sunrise'처럼 분홍색 꽃이 피는 종까지 있다. 내가 좋아하는 품종은 '발레리 피니스Valerie Finnis'로 연하늘색 꽃에 키는 15센티미터 정도이고 매우 튼튼하다. 짙은 초록색이나 검붉은색 잎과 함께 조합하면 아주 예쁘다.

넥타로스코르둠 시쿨룸

시칠리아 허니 갈릭

Nectaroscordum siculum

실라 시베리카

시베리아 실라

Scilla siberica

알리움과 연관된 구근식물로 벌을 생각한다면 꼭 심어야 한다. 넥타로스코르둠의 꽃에서 나오는 꿀은 벌들의 사랑을 독차지한다. 1미터 정도로 크게 자라고 줄기 끝에 초록색과 분홍색이 섞인 꽃이 고개 숙인 우산 모양의 꽃차례로 핀다. 꽃이 질 때면 하늘을 향해 오므라드는 씨방이 반전 매력을 선보이며 환상적인 모습을 연출한다. 5월 말에서 6월 초에 개화한다. 습한 토양을 좋아하고 약간의 그늘은 잘 견딘다.

작지만 완벽한 형태의 꽃을 피우는, 봄 정원에 꼭 필요한 구근식물이다. 정말 키우기 쉬운 종으로 짙은 파란색 꽃이 때로는 빠르면 2월부터 피기도 한다. 키는 10센티미터 정도로 작으며 어디서나 자라고 번식도 빠르다. 흰색 품종인 '알바Alba'는 나무나 관목 아래 어두운 곳에 심으면 좋다.

수선화

수선화는 꽃 위로 돌출된 코로나corona, 덧꽃부리, 副花冠, 꽃부리 안쪽에 생기는 작은 꽃부리 모양의 부속 기관가 크고 작은 잔cup 모양이거나 또는 나팔trumpet 모양, 홑꽃이나 겹꽃 등 종류도 크기도 워낙 다양하므로 여기서 모두 설명할 수 없다. 내가 좋아하는 수선화는 보다 소박한 형태로 꽃은 작으면서 색은 흰색이나 크림빛이 도는 흰색, 연노란색처럼 부드러운 톤을 지닌 종이다. 이런 수선화가 실제로는 어디서나 잘 어울리며 이른 봄의 생기를 더 하는 데에 꼭 필요하다.

수선화는 습한 토양에서 가장 잘 자라며 대부분이 어느 정도 그늘은 무난히 견딘다. 한 장소에서 몇 해를 그대로 두다가 어느 해 봄에 꽃보다 잎이 더 무성하게 나온다면 바로 그때가 자구를 분리해야 할 시기다. 꽃이 지면 파내어 그동안 생긴 수많은 새끼 구근의 싹을 분리한 후 성장에 필요한 공간을 확보해 주며 소그룹으로 나누어 다시 심는다.

수선화 '도브 윙즈'
Narcissus 'Dove Wings'

이 수선화는 꽃잎처럼 보이는 포엽꽃이나 꽃받침을 둘러싸고 있는 작은 잎이 밖을 향해 벌어지고 크림빛이 도는 노란색 나팔이 달린다. 키는 25~30센티미터 정도로 4월에 개화한다.

수선화 '엘카'
Narcissus 'Elka'

아주 연한 노란색 나팔은 시간이 지나면서 흰색으로 변하며 꽃잎은 크림빛이 도는 흰색이다. 키는 20~25센티미터 정도로 역시 4월에 개화한다.

수선화 '제라늄'

Narcissus 'Geranium'

35센티미터 정도로 자라는 키가 큰 종의 하나다. 줄기마다 아름다운 향이 나는 여러 개의 꽃이 피고 나팔은 주황색이다. 개화기는 4월 말에서 5월 초로 비교적 늦게 피는 종이다. 따뜻한 기온을 좋아하므로 양지바른 곳에 심어야 한다.

수선화 '잭 스나이프'

Narcissus 'Jack Snipe'

섬세한 왜성종으로 3월에 꽃이 필 때 키는 15~20센티미터 정도다. 꽃잎은 흰색이고 나팔은 진한 노란색이다. 번식이 잘된다.

수선화 '토폴리노'
Narcissus 'Topolino'

크림빛이 도는 노란색 꽃잎에 연노란색 나팔이 달리는 왜성종 수선화다. 15센티미터 정도까지 자라고 3월에 개화한다. 이 종만 칼날 같은 잎이 몇 장 나온다. 작은 키 때문에 화분에 심기에도 좋다.

튤립

튤립 역시 워낙 광범위한 종이 있으므로 모두 자세히 다룰 수는 없다. 튤립에 관해 쓴 책만 해도 아주 많다. 게다가 이 책에서만도 여러 곳에서 언급했기 때문에 여기서는 간단하게 내가 가장 좋아하는 종만 언급한다. 선택된 이유는 단지 외형 때문만이 아니라 해마다 충실하게 다시 올라와 커다란 즐거움을 선사하기 때문이다. 개화 순서대로 나열해 보겠다.

툴리파 카우프마니아나
'아이스 스틱'

원종튤립

Tulipa kaufmanniana 'Ice Stick'

조생종 원종튤립으로 흰색과 분홍색이 섞인 이중색에 꽃잎 아래 부위는 황금빛이 돈다. 날씨 운이 좋다면 3월부터 피기 시작하고 기온이 너무 올라가지 않을 경우 몇 주간 계속 핀다. 키는 25센티미터 정도다.

툴리파 클루시아나
'페퍼민트 스틱'

원종튤립

Tulipa clusiana 'Peppermint Stick'

놀라우리만치 아름다운 작은 튤립으로 4월에 피며 키는 30센티미터 정도다. 가늘고 우아한 줄기에 흰색과 진분홍색이 어우러진 꽃이 피며 꽃잎의 끝은 뾰족하다. 좁다란 회녹색 잎도 매력적이며 화분에서 키우기도 좋다.

튤립 '자클린'

백합꽃 튤립

Tulipa 'Jacqueline'

내 이름과 같기 때문이 아니라 개화 기간도 길고 우아한 형태를 지닌 진분홍색 꽃 때문에 선택되었다. 플루티드 튤립fluted tulip 또는 백합꽃 튤립lily-flowered tulip이라 부르는 꽃잎이 길고 뾰족한 이 튤립은 만생종으로, 4월 말부터 꽃이 피며 뾰족한 꽃잎과 창 모양의 잎이 특징이다. 나의 정원에는 양지바른 원형 화단에서 키우는데 같은 종으로 좀 더 키가 작은 '마리에트Mariette'와 함께 해마다 다시 올라온다. '자클린'은 70센티미터 정도로 자라며 '마리에트'는 50센티미터다.

튤립 '모린'
Tulipa 'Maureen'

가장 늦게 피는 튤립의 하나로 5월 후반부에 피며 튤립 분류법부록 266쪽 참조에 따르면 '홑꽃 만생종 튤립single late'에 속한다. 크림빛이 도는 흰색 컵 모양 꽃이 70센티미터 정도되는 줄기에서 커다랗게 피어나면 그 품위 있고 인상적인 모습에 시선이 향할 수밖에 없다. 겨울잠에서 깨어나는 여러해살이풀 화단에 봄의 생기를 더하려면 단지 몇 송이만으로도 충분하다.

여름 개화 구근식물

'여름 개화 구근식물'이라는 말 자체가 때로는 혼란스럽게 할 수도 있다. 비록 몇몇 구근식물은 여름에 피지만 이전 해의 가을에 심어야 하는 구근식물도 있기 때문이다. 내가 선택한 구근식물 중에 이에 해당하는 것은 알리움 '서머 드러머Summer Drummer'다. 모든 다른 여름 개화 구근식물은 4월부터 봄에 심으면 된다.

양파

Allium cepa

알리움 세르누움

Allium cernuum

식용으로 가능한 알리움이다. 하지만 땅에 그대로 둔다면 여름에 관상 가치가 충분한 꽃을 피운다. 두툼한 줄기 위로 단정하게 피어나는 은회색 꽃에 수많은 벌이 찾아든다. 한번 심어 볼 만한 알리움이다! 식재 시기는 봄.

다시 알리움으로 돌아와 이번에는 여름에 개화하는 종을 살펴볼 차례다. 이 종은 실제로 진정한 구근식물은 아니고 좁은 잎을 지닌 작은 부추라고 할 수 있는데 뿌리줄기 묶음으로 구입한다. 알리움 세르누움은 30센티미터 정도 되는 키에 고개 숙인 연보랏빛 꽃들이 우산 모양 꽃차례로 핀다. 벌이 좋아하며 자연발아가 잘되지만 결코 귀찮을 정도는 아니다. 식재 시기는 가을이나 이른 봄.

알리움 '서머 드러머'

Allium 'Summer Drummer'

이 알리움은 소개된 지 겨우 15년밖에 안 되지만 이미 엄청난 인기를 얻었다. 가장 주목할 만한 특징은 키다. 생장에 유리한 조건, 즉 기온이 높고 양지바른 곳에서라면 2미터 이상으로도 자란다. 이 말은 반드시 여러 위험으로부터 안전한 자리에 심어야 한다는 뜻이기도 하다. 꽃은 적포도주색으로 6월에 핀다. 8월에 꽃이 시들면 하얀색 수술이 드러나면서 은회색 빛을 더해 준다. 식재 시기는 너무 늦지 않은 가을이 좋다.

아마리네 벨라디바 '에마누엘'

Amarine belladiva 'Emanuelle'

아마릴리스*Amaryllis*와 네리네*Nerine*의 교잡으로 탄생했다. 모양은 흡사 분홍빛 꽃을 피우는 아가판서스*Agapanthus*처럼 보이며 8월 말부터 개화한다. 식재할 때는 구근의 위쪽 뾰족한 부위가 땅 위로 올라오도록 심는다. 양지의 안전한 장소에 양분이 풍부한 토양이라면 가장 멋진 결과를 보여 준다. 꽃의 키는 60센티미터 정도다. 식재 시기는 3월에서 4월.

다알리아 '홍카 핑크'
Dahlia 'Honka Pink'

홑꽃잎에 난초 또는 별 모양의 꽃이 피는 다알리아로 꽃잎 사이의 거리가 멀어서 마치 작은 풍차의 날개처럼 보인다. 꽃은 직경이 10센티미터 정도로 80센티미터 정도 되는 줄기 위에서 핀다. 아주 가녀린 편이라 개성이 돋보이는데, 바로 그런 특징 때문에 저절로 피는 듯 호리호리하고 우아하게 자라는 식물 사이에 배치하면 잘 어울린다. 하지만 화분에서도 키우기 쉬우며 특히 오렌지사초 '프레리 파이어Prairie Fire' 같은 관상용 그라스와 심으면 매우 사랑스럽다. 벌도 이 다알리아를 좋아한다. 식재 시기는 5월 중순.

글라디올루스 칼리안투스 '무리엘레'
아비시니아 글라디올러스

Gladiolus callianthus 'Murielae'

아시단테라 무리엘레*Acidanthera murielae*로 알려져 있기도 하다. 아주 키우기 쉽고 보람을 느끼게 해 주는 여름 개화 구근식물이다. 심은 지 몇 주 내로 붓꽃의 잎을 닮은 날카롭고 뾰족한 잎이 나온다. 중심에 진갈색 무늬가 있는 별 모양의 흰색 꽃은 8월에 피며 향기도 좋다. 제대로 자라려면 많은 양의 온기가 필요하므로 꼭 양지에 심는다. 살비아, 로벨리아*Lobelia*, 헬리오트로피움*Heliotropium*처럼 더 일찍 꽃이 피는 여름 한해살이풀과 함께 커다란 화분에 심어도 잘 자랄 것이다. 키는 60센티미터 정도, 식재 시기는 4~5월.

백합 '카사 블랑카'

오리엔탈 릴리

Lilium 'Casa Blanca'

키가 120센티미터 되는 백합으로 줄기의 꼭대기에서 눈처럼 하얗고 커다란 꽃이 핀다. 동글동글한 수국꽃 사이에서 피어나면 인상적이고도 멋진 대비 효과를 줄 수 있다. 백합은 아래 부위가 그늘에 있는 것을 좋아하기 때문에 수국 같은 식물이 가려주는 그런 곳에서 잘 자란다. 깊이도 최소한 15센티미터 정도로 깊게 심어야 한다. 식재 시기는 4월 말.

마르타곤나리

터키 모자 백합

Lilium martagon

영어 일반명인 Turk's cap lily는 꽃잎이 뒤로 말린 모양이 마치 터키식 모자를 닮았다고 해서 붙여졌다 종소명 마르타곤도 같은 의미다. 짙은 적포도주색 꽃이 피며 키는 80센티미터 정도다. 이 종은 반그늘을 좋아한다. 그늘진 곳에서 더욱 돋보이는 흰색 품종도 있는데, 마르타곤나리 '알붐 Album'이다. 식재 시기는 가을.

백합 '오렌지 코코트'

아시아 백합

Lilium 'Orange Cocotte'

흰색나도사프란

페루 습지 백합

Zephyranthes candida

키가 크고 아주 튼튼한 줄기는 1미터까지 자라며 꽃은 하늘을 향해 핀다. 품종명에서 알 수 있듯이 꽃은 주황색 또는 연한 주황색으로 작은 편이며 꽃가루를 만들지 않는다. 백합의 꽃가루는 제거하기 어려운 자국을 남긴다. 이 종은 절화용으로 찾는 사람이 많지만 이 백합은 그라스 화단의 주인공 역할 등 온갖 다양한 방법으로 연출할 수 있다.

늦여름, 그것도 축축한 땅을 좋아해 비가 온 후에 꽃을 피워 놀라움을 선사한다. 전통 화단보다 빛과 수분이 충분한 담장을 따라 심으면 좋다. 크로커스를 닮은 순백의 작은 꽃은 15~20센티미터 정도로 자라며 향기가 좋아 벌과 곤충을 끌어들인다. 그라스를 닮은 잎은 거의 1년 내내 윤기나는 초록색이다. 몇 개만 심어도 최대 효과를 얻을 수 있다. 서서히 번식하며 식재 시기는 4월 말.

가을과 겨울 개화 구근식물

가을과 겨울에 개화하는 구근식물은 몇몇에 불과하지만 내 생각에는 모두 키워 볼 만한 가치가 있다. 초가을, 9월 말경에는 설강화를 심어야 하고 나머지는 조금 더 일찍 8월 중순부터 심는다. 이 모든 구근식물은 쓸쓸한 가을이나 침울한 겨울에 빛을 발하는 보석이다.

콜키쿰 '워터릴리'

가을 크로커스, 네이키드 레이디스

Colchicum 'Waterlily'

영어로 'naked ladies'라는 일반명은 가을에 꽃이 피지만 봄까지 잎이 나오지 않기 때문에 붙여졌다. 키는 작아서 12센티미터 정도까지 자라고, 보라색 겹꽃이 피며, 9월에 화려한 쇼를 펼친다. 넓고 윤기 나는 잎은 3월에 나오는데 키는 20센티미터 정도다. 잎이 완전히 시들도록 두어야 가을에 다시 꽃이 필 수 있다. 콜키쿰은 반그늘을 좋아한다. 식재 시기는 8월.

크로쿠스 스페시오수스

가을 크로커스 또는 비버슈타인 크로커스

Crocus speciosus

시클라멘 코움

둥근 잎 시클라멘

Cyclamen coum

가을에 꽃이 피는 크로커스 종으로 9월에서 10월에 개화한다. 키는 15센티미터 정도로 가녀린 줄기에 상대적으로 무거운 꽃이 핀다. 바람에 휩쓸리지 않도록 안전한 곳에 심거나 숙근제라늄처럼 지지대 역할을 해주는 지피식물 사이에 심는다. 꽃이 벌어지기 위해서는 반드시 햇빛이 필요하다. 크로커스 스페시오수스는 여러 품종이 있는데 흰색 품종 '알부스Albus' 한 가지를 제외하면 모두 파란색 톤의 꽃이 핀다. 식재 시기는 8월.

자홍색 꽃이 1월에 피므로 내한성은 입증된 식물이다. 10센티미터의 꽃이 진녹색 잎 사이로 피어나는데, 잎은 가장자리가 매끈하며 거의 동그란 모양에서부터 나비 모양까지 변화가 있다. '일반적인' 설강화인 갈란투스 니발리스*Galanthus nivalis*와 조합하면 상당히 매력적이다. 반그늘을 좋아하며 건조하거나 너무 젖어 있지만 않다면 습한 땅도 견딜 수 있다. 한마디로 무척 키우기 쉬운 시클라멘이다. 식재 시기는 10월.

노랑너도바람꽃

겨울 투구꽃

Eranthis hyemalis

엘위스설강화

Galanthus elwesii var. *monostictus*

노랑너도바람꽃은 '땅이 헐벗었을 때 핀다'라는 말도 있듯이 1~2월에 개화한다. 땅에 바짝 붙은 주름 잡힌 듯한 잎 위로 5센티미터 높이의 샛노란 꽃이 핀다. 젖은 토양과 약간 그늘진 곳을 좋아한다. 개화 후에는 별 모양의 씨방이 만들어지고 씨앗이 완전히 마르면 저절로 터지며 열린다. 그렇게 다음 해를 위한 수많은 새 생명을 만들어 나간다. 식재 시기는 9월 말.

원산지가 터키인 설강화로 엘베시이 *elwesii*는 '대형종'을 의미하며 모노스틱투스 *monostictus*는 '꽃잎 안쪽의 초록색 점이 하나뿐'이라는 뜻을 포함하고 있다. 이 종의 장점은 매우 이른 개화로 성탄절 이전에 꽃이 핀다. 여름에 비교적 덥고 건조한 토양의 양지바른 곳을 좋아한다. 따뜻한 곳일수록 개화 시기도 빨라서 때로 11월 초에 피기도 한다.

설강화

스노드롭

Galanthus nivalis

스테른베르기아 루테아

겨울 수선화

Sternbergia lutea

가장 널리 알려진 '일반적인' 설강화로 유럽 전역에 걸쳐 야생에서 자란다. 9월 말경 일찍 심는데, 양분이 충분하며 약간의 그늘이 드리운 곳이라면 지극히 키우기 쉬운 구근식물이다. 1월 말부터 개화하며 15~20센티미터 정도로 자란다. 꽃이 지고 나면 곧바로 빼곡한 구근 무더기를 파내어 3~4등분으로 쪼개어 다른 곳에 옮겨 심는다. 아직 잎에 초록색이 남아 있을 때 분주하는 transplanting 'in the green' 방식이다.

가장 덜 알려진 가을 개화 구근식물로, 꽃은 크로커스의 커다란 노란색 꽃을 닮았지만 '겨울 수선화'라고도 부른다. 키는 15센티미터 정도고 9~10월에 개화한다. 개화가 끝나면 윤기 나는 넓은 진녹색 잎이 점점 더 많이 나오기 시작하여 겨우내 남아 있다. 스테른베르기아는 자갈정원처럼 여름이 덥고 건조한 곳을 좋아한다. 따뜻하면 따뜻할수록 더 많은 꽃이 핀다. 식재 시기는 8월.

널찍한 별 모양 잎을 지닌 피마자 *Ricinus communis*와
다알리아 '비숍 오브 란다프 Bishop of Llandaff'의 불타는 듯 강렬한 조합.

> 부록

튤립 분류법

> 산자고속Tulipa에는 150여 종이 있으며 현재까지 3000개가 넘는 품종이 등록되어 있다. 그래서 꽃, 키, 색상, 개화기 등에서 많은 차이를 보이는 다양한 튤립이 존재한다. 육종가들이 새로운 품종을 계속 개발하고 있기 때문에 앞으로 더 많은 품종이 등록될 것이다. 튤립은 일반적으로 꽃의 형태와 크기에 따라 영어로 '디비전division'이라 부르는 15개의 그룹으로 분류된다.지역과 기후에 따라 개화 시기는 차이가 날 수 있다.

그룹 1 싱글 얼리 Single Early

홑겹의 꽃잎에 작은 와인 잔 모양으로 우아하게 핀다. 흔히 튤립을 연상할 때 가장 먼저 떠올리는 형태로 많은 사랑을 받는 그룹이다. 중간 크기의 꽃과 튼튼한 줄기에 키는 15~45센티미터까지 자라며, 지름은 8센티미터를 넘지 않는다. 흰색부터 짙은 자주색까지 다양한 색상에 불꽃무늬가 있거나 향기가 나는 품종도 있다. 개화기는 초기로 그룹 13의 포스테리아나 또는 그룹 12의 카우프마니아나 원종튤립 다음으로 일찍 핀다.

* '애프리콧 뷰티 Apricot Beauty', '뷰티 퀸 Beauty Queen', '퍼플 프린스 Purple Prince'

그룹 2 더블 얼리 Double Early

반 겹이나 겹으로 피는 사발 모양 꽃잎이 작약꽃을 연상시킨다. 지름이 최대 10센티미터, 키는 25~40센티미터로 자라며 튼튼한 줄기에 오래 유지되는 화려한 꽃이 이른 봄 정원에서 눈길을 끈다. 200여 종의 품종이 있지만 색상은 다른 그룹에 비해 다양하지 않은 편이다. 개화기는 초기.

- '폭스트롯Foxtrot', '오르카Orca', '피치 멜바Peach Melba', '베로나Verona'

그룹 3 트라이엄프Triumph

1920년대에 소개된 오래된 튤립으로 수많은 품종을 포함하는 가장 광범위한 그룹이다. 꽃은 그룹 1의 싱글 얼리와 유사하지만 컵 모양에 가까운 홑겹의 꽃이 좀 더 활짝 열린 모습으로 핀다. 직경은 6센티미터, 키는 40센티미터에서 60센티미터까지 크게 자라며 때로 70센티미터까지 자라기도 한다. 대부분 절화용 튤립 시장을 위해 육종된 1400여 종이 등록된 만큼 키나 색상 면에서 선택의 폭이 넓다. 아쉽게도 해를 거듭하며 오래 살지는 않아 '수명이 짧은 여러해살이' 튤립에 해당한다. 줄기가 튼튼해 실내 재배나 절화용으로도 적합하다. 개화기는 중기.

- '아틸라Attila', '네그리타Negrita', '프린세스 이레이너Prinses Irene', '로날도Ronaldo'

그룹 4 다윈 하이브리드Darwin Hybrid

50센티미터에서 70센터미터까지 가장 키가 큰 튤립에 속하며, 꽃의 지름도 최대 18센티미터에 이르는 대형종이다. 구근의 크기도 트라이엄프보다 30퍼센트 정도 더 크다. 20세기 초에 튤립 재배업체들이 후기 개화하는 일부 홑겹 튤립을 '다윈' 튤립이라 불렀는데 코티지cottage 튤립으로 부르기도 했다. 20세기 중반에 12개 그룹의 새로운 튤립 분류법이 정해지면서 그룹 5 싱글 레이트 그룹으로 분류되었다. 이 분류법은 다시 지금의 15개 그룹으로 발전했다. 1943년 네덜란드 유명 육종가 르페버Lefeber가 이 '다윈' 튤립T.

*gesneriana*과 그룹 13 포스테리아나 '마담 르페버'지금은 '레드 엠퍼러'로 부른다를 교잡하여 어렵게 새로운 형태를 만들어 내 '다윈 하이브리드'라 이름 붙였다. 초기 품종의 색상은 붉은색, 주황색, 노란색이 지배적이었고 여전히 대세를 이루지만 지금은 두세 가지 색이 섞인 품종까지 다채로운 색상을 자랑한다. 가장 수명이 길고 믿음직한 여러해살이 튤립으로 200여 개의 품종이 존재하며, 튼튼하고 높은 줄기에서 피어나는 커다란 꽃은 봄 정원에서 다른 여러해살이 식물들과 멋지게 어울린다. 개화기는 중기.

- '아펠도른Apeldoorn', '애프리콧 임프레션Apricot Impression',
- '뷰티 오브 스프링Beauty of Spring'

그룹 5 싱글 레이트 Single Late

옛 '다윈' 튤립 등을 합한 그룹으로 꽃은 그룹 1과 닮았지만 우아한 달걀 모양에 좀 더 열린 형태의 홑겹으로 핀다. 평균적으로 키가 큰 편으로 40센티미터에서 최대 80센티미터까지 자라며 5월의 봄볕도 잘 견디고 개화가 오래 지속된다. 다채로운 색상에 450여 종의 다양한 품종이 있다. 개화기는 후기.

- '블러싱 레이디Blushing Lady', '망통Menton', '퀸 오브 더 나이트Queen of the Night',
- '바이올렛 뷰티Violet Beauty'

그룹 6 백합꽃 튤립 Lily-Flowered

홑겹의 꽃잎이 길고 뾰족하며 바깥으로 휘어져 백합꽃을 닮았다고 이름 붙여진 그룹이다. 키는 50~60센티미터이며 다양한 색상에 130여 종의 품종이 있다. 개화기는 중기~후기.

- '발레리나Ballerina', '차이나 핑크China Pink', '화이트 트라이엄페이터White Triumphator'

그룹 7 　프린지드 Fringed

홑겹의 컵 모양 꽃은 톱니처럼 가장자리가 잘게 갈라져 있는데 이 부위가 꽃잎의 색보다 옅은 색이거나 대조되는 색인 경우도 있다. 키는 40~60센티미터로 150여 종의 품종이 있다. 많은 품종이 그룹 5 싱글 레이트의 돌연변이로 나왔다고 하며 크리스파 Crispa 튤립이라고도 부른다. 개화기는 중기~후기.

- '블루 헤론 Blue Heron', '버건디 레이스 Burgundy Lace', '람바다 Lambada'

그룹 8 　비리디플로라 Viridiflora

'초록빛 꽃'이라는 뜻의 그룹으로 홑겹의 꽃잎에 붓으로 그린 듯한 녹색 무늬가 두드러진다. 개화가 오래 유지되며 키는 30~60센티미터로 자라고 50여 종의 품종이 있다. 초록색이 더해진 다양한 색상의 꽃잎이 화단에서 돋보이며 개화기가 길어 절화용으로도 훌륭하다. 개화기는 중기~후기.

- '아티스트 Artist', '차이나 타운 China Town', '그린란드 Groenland', '스프링 그린 Spring Green'

그룹 9 　렘브란트 Rembrandt

두 가지 색으로 이루어진 꽃잎에 화려한 줄무늬나 불꽃무늬가 있어 렘브란트 같은 17세기 네덜란드 화가들이 즐겨 그렸다고 해서 붙여진 이름이다. 지금으로서는 상상을 초월하는 금액으로 거래되면서 튤립 광풍과 거품경제를 일으킨 그룹이다. 이 독특한 무늬는 바이러스 때문에 생겼는데, 그런 이유로 더 이상 판매되지 않는다. 대신 바이러스에 감염되지 않은 현대식 품종을 구할 수 있다. 키는 45~60센티미터로 자라고 개화기는 품종에 따라 다르다.

- '브라이즈메이드 Bridesmaid', '헬마 Helmar', '이너 휠 Inner Wheel'

그룹 10 패럿 Parrot

꽃잎은 가장자리가 깃털 모양이거나 이리저리 비틀어지고 깊은 주름이 있으며 화려한 무늬가 더해져 강렬한 시각적 효과를 나타낸다. 이러한 특징은 후기 개화 튤립의 돌연변이로 생겨났는데 지금은 다양한 색상에 줄기가 약한 단점을 보완한 120여 종의 현대식 품종이 있다. 꽃의 지름은 12센티미터, 키는 40~65센티미터로 자라고 절화용으로도 많은 사랑을 받는다. 강한 비바람으로부터 보호되는 장소에 심는 것이 안전하다. 개화기는 중기~후기.

- '애프리콧 패럿 Apricot Parrot', '블루 패럿 Blue Parrot', '로코코 Rococo'

그룹 11 더블 레이트 Double Late

작약을 닮은 최대 12센티미터 지름의 풍성한 겹꽃이 피기 때문에 작약꽃 튤립이라고도 불린다. 꽃이 오래 유지되어 화단용이나 절화용으로도 우수하며 향기가 매력을 더한다. 200여 종에 달하는 품종 대부분은 키가 30~50센티미터로 폭우나 강풍에 피해를 입을 수 있으므로 반드시 안전한 곳에 심어야 한다. 개화기는 후기.

- '안젤리크 Angelique', '카르나발 드 니스 Carnavel de Nice', '오렌지 프린세스 Orange Princess'

그룹 12 카우프마니아나 Kaufmanniana

수명이 긴 여러해살이 튤립으로 좁은 잔 모양의 꽃잎은 끝이 뾰족하다. 대부분 키가 최대 10~25센티미터에 불과하여 암석정원이나 화단 앞자리 식재에 적합하다. 햇빛에 활짝 피어난 꽃잎이 거의 평평해질 때까지 펴지는데 그 모양이 별이나 수련을 닮았다. 꽃은 오랫동안 지속되며, 잎은 진녹색이나 진갈색 무늬 또는 청록색으로 관상 가치가 있다. 70여 종의 다양한 품종이 있는데 흰색, 노란색, 주황색, 연어색, 분홍색, 붉은색 등의 단색 꽃도 있고 두 가지 색이 있는 꽃도 있다. 카우프마니아나는 이 종이 처음으로 발견된 러시아령 투르키스탄 지역의 첫 총독 콘스탄틴 폰 카우프만 Konstantin von Kaufman의 이름에서 왔다. 개화기는 초기.

- '얼리 하베스트Early Harvest', '하츠 딜라이트Heart's Delight', '아이스 스틱Ice Stick'

그룹 13 포스테리아나Fosteriana

황제Emperor 튤립으로도 알려진 그룹으로 가장 일찍 개화하는 튤립에 속한다. 햇빛이 가득할 때 활짝 열리는 커다란 꽃의 지름은 12센티미터, 키는 20~40센티미터에 이르며 번식이 잘되는 강인한 여러해살이 튤립이다. 다양한 색상의 꽃은 물론 넓은 잎에는 녹색 또는 회녹색의 무늬가 있어 관상 가치가 높으며 100여 종의 품종이 있다. 그룹 13 포스테리아나는 영국의 생리학자 마이클 포스터Michael Foster의 이름에서 따왔다. 개화기는 초기.

- '이그조틱 엠퍼러Exotic Emperor', '오렌지 엠퍼러Orange Emperor', '푸리시마Purissima'

그룹 14 그레이기이Greigii

그룹 12와 13의 튤립처럼 화려한 잎이 매력을 더하는 그룹이다. 자줏빛 얼룩이나 줄무늬가 있는 잎은 땅바닥으로 펼쳐지는 특징이 있다. 하나의 줄기에 4~5개의 꽃이 피기도 하고 꽃 모양과 색상도 품종에 따라 다양하다. 키는 작거나 중간 정도로 암석정원이나 화단 앞쪽에 심으면 좋다. 이른 봄 카우프마니아나 그룹에 이어 개화하며 번식이 잘되고 수년간 지속되는 여러해살이 튤립이다. 250여 종의 품종이 있다. 그레이기이는 한때 러시아 원예학회 회장을 역임한 새뮤얼 그리그Samuel Greig의 이름에서 왔다. 개화기는 초기.

• '칼립소Calypso', '레드 라이딩 후드Red Riding Hood', '토론토Toronto'

그룹 15 원종튤립과 기타 튤립Species

위 그룹에 속하지 않는 툴리파 바케리*T. bakeri*, 툴리파 바탈리니이*T. batalinii*, 툴리파 후밀리스*T. humilis*, 툴리파 마우리티아나*T. mauritiana*, 툴리파 오르파니데아*T. orphanidea*, 툴리파 프레스탄스*T. praestans*, 툴리파 실베스트리스*T. sylvestris*, 툴리파 우루미엔시스*T. urumiensis*를 포함하여 야생에서 흔히 발견되는 튤립 종과 일부 품종, 교잡종을 포함한다. 대부분 약 10~20센티미터 키에 얇고 가느다란 줄기에서 작은 꽃이 핀다. 안정적인 여러해살이 튤립으로 200여 종의 유형이 존재한다. 개화 시기는 종이나 품종에 따라 다르며 이른 봄부터 늦은 봄까지 다양하다.

그룹 16 다화성 튤립Multiflowering

줄기마다 여러 개의 꽃이 피는 튤립으로 그룹 16에 분류하기도 하지만 실제로는 그룹 15에 속한다. 줄기당 3~7개의 꽃이 피는데 보조 줄기에서도 약간 작은 크기의 꽃이 핀다. 개화 시기는 품종에 따라 다르다.

수선화 분류법

모든 수선화는 13개 그룹 중 하나로 분류된다. 원종이건 원예종이건 상관없이 품종명으로 구별되면 12개 그룹 중 하나에 속한다. 학명만으로 구별되는 수선화는 그룹 13에 속한다. 각 그룹의 정의는 다음과 같다.일러스트_장서윤.

그룹 1 나팔 수선화 Trumpet Daffodil Cultivars

줄기마다 한 송이 꽃이 핀다. 꽃 중앙에 자리한 나팔trumpet처럼 긴 코로나corona의 길이는 꽃잎과 같거나 더 길다.

- '더치 마스터Dutch Master', '마운트 후드Mount Hood', 'W.P. 밀너Milner'

그룹 2 넓은 잔을 가진 수선화 Large-cupped Daffodil Cultivars

줄기마다 한 송이 꽃, 작은 잔cup처럼 돌출된 코로나의 길이는 꽃잎 길이의 1/3 이상이지만 최대 꽃잎과 같거나 꽃잎보다 더 길지는 않다.

- '칼톤Carlton', '살로메Salome', '핑크 참Pink Charm'

그룹 3 작은 잔을 가진 수선화 Small-cupped Daffodil Cultivars

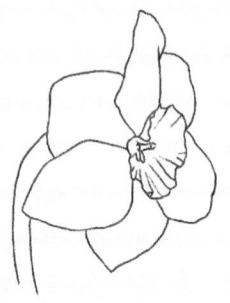

줄기마다 한 송이 꽃이 달리며, 꽃 중앙의 코로나는 꽃잎 길이의 1/3을 넘지 않는다.

- '바렛 브라우닝 Barrett Browning', '프린스턴 Princeton', '세고비아 Segovia'

그룹 4 겹수선화 Double Daffodil Cultivars

줄기에 하나 이상의 꽃이 핀다. 꽃잎과 코로나 모두 겹이거나 둘 중 하나가 겹이다.

- '브라이덜 크라운 Bridal Crown', '치어풀니스 Cheerfulness', '타히티 Tahiti'

그룹 5 트리안드루스 수술이 세 개인 수선화 Triandrus Daffodil Cultivars

일반적으로 줄기마다 두 송이 이상의 꽃이 고개를 숙여 피고 꽃잎은 뒤로 젖혀진다.

- '하위라 Hawera', '탈리아 Thalia', '아이스 윙즈 Ice Wings'

그룹 6 시클라미네우스 수선화 Cyclamineus Daffodil Cultivars

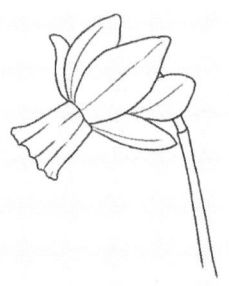

줄기마다 한 송이 꽃이 핀다. 꽃잎이 뚜렷하게 뒤로 젖혀지고, 꽃은 줄기에 바짝 붙은 각도로 피어 '목'이 매우 짧다.

- '잭 스나이프Jack Snipe', '파이핑 톰Piping Tom', '테트아테트Tête-à-Tête'

그룹 7 용킬라와 아포단투스 수선화
Jonquilla and Apodanthus Daffodil Cultivars

줄기마다 한 송이에서 다섯 송이까지 드물게는 여덟 송이 꽃이 핀다. 꽃잎은 평편하거나 뒤로 젖혀진다. 코로나는 잔 모양, 원추형 또는 위로 펼쳐진 형태로 길다기보다는 넓은 편이다. 대체로 향기가 난다.

- '벨 송Bell Song', '피핏Pipit', '세일 보트Sail Boat'

그룹 8 타제타 수선화 Tazetta Daffodil Cultivars

튼튼한 줄기에 세 송이에서 스무 송이까지 꽃이 핀다. 잎이 넓고 꽃잎이 평편하게 퍼지지만 뒤로 젖혀지지는 않는다. 향기가 난다.

- '제라늄Geranium', '마르티네트Martinette', '페이퍼화이트Paperwhite'

그룹 9 포에티쿠스 수선화 Poeticus Daffodil Cultivars

꽃잎은 순백색에 코로나가 아주 짧고 둥근데 꽃잎 길이의 1/5이 채 안 된다. 코로나의 중심이 녹색 또는 노란색이며 가장자리에 붉은색 테두리가 있다. 때로는 완전히 또는 부분적으로 다른 색일 수도 있다. 꽃밥이 두 개의 뚜렷한 층을 이

루고 향기가 난다.
- '악테아Actaea', '레쿠르부스Recurvus', '마운틴 포우잇Mountain Poet'

그룹 10 불보코디움 수선화
Bulbocodium Daffodil Cultivars

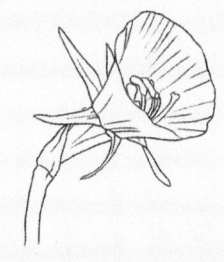

대체로 줄기마다 한 송이 꽃이 핀다. 코로나가 압도적으로 커서 꽃잎은 거의 의미가 없다. 수술대와 암술대는 곡선을 이루며 휘어진다.

- '카모로Camoro', '골든 벨스Golden Bells', '화이트 페티코트White Petticoat'

그룹 11 코로나가 갈라진 수선화Split Corona Daffodil Cultivars

코로나가 길이 방향으로 절반 이상 갈라지거나 찢어진 수선화로 칼라형과 나비형 두 종류로 나뉜다.

① 칼라형Collar Daffodils

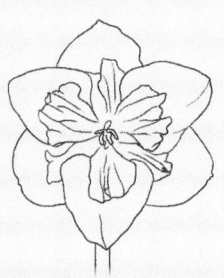

코로나가 꽃잎과 나란히 겹쳐진다. 세 장의 코로나가 아래 위 두 쌍으로 돌려난다.

- '애프리콧 레이스Apricot Lace', '오랑쥬리Orangery', '발드롬Valdrome'

② 나비형Papillon Daffodils

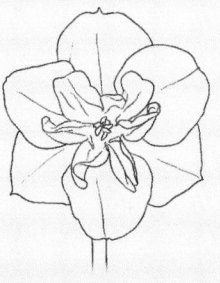

코로나가 꽃잎과 엇갈리게 겹쳐진다. 일반적으로 홑겹의 코로나가 여섯 장으로 돌려난다.

- '패션Fashion', '파피용 블랑Papillon Blanc', '트레폴로Trepolo'

__그룹 12__   기타 수선화 Other Daffodil Cultivars

어느 그룹에도 들지 않는 수선화로 앞에서 정의한 그룹 간의 교잡종이 많다.

__그룹 13__   학명으로만 구별되는 수선화

대부분이 야생 교잡종이거나 변종이다. 나르시수스 타페이난투스 *N. tapeinanthus*, 나르시수스 세로티니 *N. serotini*, 나르시수스 아우렐리아 *N. aurelia*, 나르시수스 타제테 *N. tazettae*, 나르시수스 나르시수스 *N. narcissus*, 나르시수스 용킬라 *N. jonquilla*, 나르시수스 아포단티 *N. apodanthi*, 나르시수스 가니메데스 *N. ganymedes*, 나르시수스 불보코디움 *N. bulbocodium*, 나르시수스 수도나르시수스 *N. pseudonarcissus* 등이 여기에 속한다. 개화기는 종에 따라 가을에서 봄까지 다양하며 앞에서 언급한 그룹들의 특성을 조금씩 공유하고 있다.

역자 후기

구근식물을 키우다 보면 자신도 모르는 사이에 식물과 일종의 애증 관계가 만들어지는 경험을 할 때가 온다. 꽃이 피기를 기다리며 가슴 두근거리던 순간과 꽃을 보는 즐거움은 잠시, 꽃이 시든 후 구근이 장마에 녹아 버리지나 않을까 다른 식물 사이를 헤집어 가며 힘겹게 뽑아내고 곰팡이가 슬지 않도록 신경 써서 보관한다. 가을이 오고 구근 판매 소식이 들려오면 고생한 기억은 어디론가 사라지고, 욕심과 기대로 부푼 가슴은 머릿속의 구매 리스트와 결별을 선언한다. 그런데 막상 구근을 심어야 할 때가 오면 웬일인지 그 열정이 따라 주지 않아 차일피일 미루다가 결국에는 화단의 빈자리를 찾아 아무 데나 박아 넣듯이 심어 버린다. 이런 소모적인 경험을 되풀이하거나 미리 방지하고 싶은 사람들을 위한 세심하고도 친절한 안내서가 바로 이 책이다.

저자는 구근식물이 봄 한 철만 즐기고 끝나는 것이 아니라 다른 정원 식물과 마찬가지로 사계절 유용한 가치가 있음을 일깨워 주며 그 사용법을 계절별로 알기 쉽고 상세하게 일러 준다.

처음 정원 가꾸기를 시작할 때 흔히 접하는 상식은 각각의 종을 한 무더기로 모아 심어야 시각적 효과를 얻는다는 것이다. 하지만 이 방법은 제각기 고립된 느낌을 주며 서로 어울리지 못하는 실망스러운 결과를 낳기 쉽다. 이 책은 구근식물이 여러해살이풀 사이로 흩어져 자랄 때 가장 자연스럽고 아름다운 결과가 나타날 수 있음을 강조하며 동반식물을 통해 계절별로 어울리는 식물 조합의 가능성을 제안한다. 아울러 다양한 식물의 예를 들어 흔히 접하기 어려운 색상 조합에 관한 정보도 알기 쉽게 전해 준다. 구근식물에도 식재디자인이 필요하다는 사실은 미처 간과하기 쉬운데, 이 책으로 소중한 배움의 기회와 영감을 얻을 수 있다.

이 책의 또 다른 장점이라면 해마다 물밀 듯이 쏟아지는 새로운 품종들 사이에서 오로지 저자의 오랜 경험을 통해 검증된 수명이 길고 튼튼하며 자연병식이 잘 이루어지는 구근식물 위주로 다룬다는 점이다. 이것이 얼마나 소중한 정보인지는 시행착오를 거듭하며 시큰둥하게 지쳐 가는 정원사라면 금방 이해하게 될 것이다.

식물 책을 번역할 때 가장 어려운 점은 한글 식물명이다. 수많은 외래종 식물들이 하나의 이름으로 통일되지 못하고 유통되는 현실에서 국립수목원이 제안하는 국가표준식물목록은 턱없이 부족하고 아쉬운 점이 많다. 그 때문에 어쩔 수 없이 학명을 써야 하니 독자에게는 불편하기 짝이 없을 것이다. 아무리 좋아하는 식물도 그 이름을 제대로 불러 줄 수 없다면 유리벽을 마주한 듯 답답하고 안타깝기 때문이다.

하지만 어렵게만 여겨지는 학명은 사실상 식물의 진정한 이름으로 세계적으로 통용될 수 있는 신분증 같은 것이다. 식물 사랑이 큰 만큼 정확한 이름을 불러 주기 위한 노력도 필요하다는 사실을 강조하고 싶다. 천천히 소리 내어 발음하고 조금씩 익히다 보면 어느새 학명이 어렵지만은 않다고 느낄 날이 오리라 믿는다.

이 책에 소개된 구근식물 가운데 어떤 경우는 한국의 기후와 맞지 않을 수도 있다는 사실을 염두에 두어야 한다. 겨울이 습하고 여름이 건조한 서유럽의 날씨는 한국과는 상당한 차이가 있기 때문에 언젠가는 한국의 기후조건에 알맞은 구근식물 안내서가 나오기를 희망해 본다.

마지막으로 번역 제안을 할 때마다 두말없이 동의해 주는 목수책방 전은정 대표와 원고를 읽고 귀한 의견을 나누어 준 든든한 정원 친구《찍박골 정원》의 김경희 선생님에게 감사의 마음을 전한다.

2024년 3월 번역자 최경희

식물 목록 학명순

*괄호는 국가표준식물목록의 이름

A

Acaena 아세나(아카이나) 047
Acidanthera murielae 아시단테라 무리엘레 173, 255
Agapanthus 아가판서스 253
Agastache 'Black Adder' 꽃배초향 '블랙 애더' 224
Ajuga 아주가(조개나물속) 047
Ajuga reptans 아주가 115
Ajuga reptans 'Catlin's Giant' 아주가 '캐틀린스 자이언트' 114
Alchemilla 알케밀라 053
Allium 알리움 093, 151, 170, 195
Alchemilla mollis 알케밀라 몰리스 123
Allium 'Gladiator' 알리움 '글라디에이터' 170
Allium 'Globemaster' 알리움 '글로브마스터' 008
Allium 'Summer Drummer' 알리움 '서머 드러머' 251, 253
Allium 'Voilet Beauty' 알리움 '바이올렛 뷰티' 064, 232
Allium aflatunense 'Purple Sensation' 알리움 아플라투넨세 '퍼플 센세이션' 008, 029, 116, 170
Allium amethystinum 'Forelock' 알리움 아메티스티눔 '포얼록' 230

Allium cepa 양파 252
Allium cernuum 알리움 세르누움 252
Allium christophii 알리움 크리스토피이 122, 230
Allium cowanii 알리움 코와니이 029
Allium moly 알리움 몰리 029, 156
Allium neapolitanum 나폴리부추 029, 042
Allium nigrum 알리움 니그룸 029, 057, 060, 170, 231
Allium roseum 알리움 로세움 029, 170, 231
Allium sphaerocephalon 알리움 스페로세팔론(장구채산마늘) 029
Allium stipitatum 'Mont Blanc' 알리움 스티피타툼 '몽 블랑' 170
Allium stipitatum 'Mount Everest' 알리움 스티피타툼 '마운트 에베레스트' 148
Allium tuberosum 부추 029
Allium triquetrum 알리움 트리쿠에트룸 069, 149
Allium unifolium 알리움 우니폴리움 028, 029, 170, 232
Allium ursinum 나도산마늘 069, 149
Allium zebdanense 알리움 젭다넨세 028, 029, 156
Amarine 아마리네 079, 095
Amarine 'Aphrodite' 아마리네 '아프로디테' 078
Amarine belladiva 아마리네 벨라디바 136
Amarine bellavida 'Emanuelle' 아마리네 벨라디바 '에마누엘' 253
Amaryllis 아마릴리스 079, 253

Amsonia 'Blue Ice' 정향풀 '블루 아이스' 123

Amsonia illustris 반들정향풀 048, 049, 123

Anemone 아네모네(바람꽃속) 037, 050, 085, 093, 195, 208

Anemone blanda 아네모네 블란다 021, 047, 71, 115, 149, 151, 167

Anemone blanda 'Blue Shades' 아네모네 블란다 '블루 셰이즈' 046, 051, 233

Anemone blanda 'Radar' 아네모네 블란다 '레이더' 167

Anemone blanda 'White Splendour' 아네모네 블란다 '화이트 스플렌더' 167

Anemone coronaria 아네모네 코로나리아 045, 071, 149, 151, 179

Anemone coronaria 'Mister Fokker' 아네모네 코로나리아 '미스터 포커' 137

Anemone coronaria 'Sylphide' 아네모네 코로나리아 '실피드' 220

Anemone 'Honorine Jobert' 대상화 '오노린 조베르' 057, 060

Anemone nemorosa 아네모네 네모로사 071, 167

Anemone nemorosa 'Robinsoniana' 아네모네 네모로사 '로빈소니아나' 068, 233

Anemone ranunculoides 금노랑바람꽃 167

Aquilegia 매발톱 055, 117, 190

Aster amellus 'Rosa Erfüllung' 아스테르 아멜루스 '로자 에어퓔룽' 065

Aster tataricus 'Jindai' 개미취 '진다이' 065

Artemisia 아르테미시아 045

Athyrium niponicum 'Metallicum' 개고사리 '메탈리쿰' 045

B

Begonia (*Begonia*× *tuberhybrida*) 구근베고니아 021, 063, 173

Begonia 'Lace Picotee Apricot' 구근베고니아 '레이스 피코티 애프리콧' 173

Begonia 'Picotee White Pink' 구근베고니아 '피코티 화이트 핑크' 173

Begonia 'Ruffled Pink' 구근베고니아 '러플드 핑크' 173

Begonia fimbriata 베고니아 핌브리아타 142

Begonia multiflora 'La Madelon' 베고니아 물티플로라 '라 마들롱' 172

Bellevalia 벨레발리아 047, 095, 117

Bergenia 베르게니아 047

Brunnera 브루네라 045, 048, 051, 190

Brunnera macrophylla 브루네라 마크로필라 043, 049, 117

Brunnera macrophylla 'Sea Heart' 브루네라 마크로필라 '시 하트' 043, 044

Buddleja 부들레야 155

C

Camassia 카마시아 047, 085, 123, 149, 151
Camassia leichtlinii 'Alba' 카마시아 레이크틸리니 '알바' 042, 052, 234
Camassia leichtlinii 'Caerulea' 카마시아 레이크틸리니 '세룰레아' 008
Camassia quamash 카마시아 쿠아마시 (카마시아 쿠아마스) 234
Campanula 캄파눌라 111, 155
Campanula 'Birch Hybrid' 캄파눌라 '버치 하이브리드' 111
Campanula 'Dickson's Gold' 캄파눌라 '딕슨스 골드' 111
Canna 칸나 021, 045, 055, 063, 143
Canna 'Pretoria' 칸나 '프리토리아' 053
Canna indica 인디언칸나 033, 143
Canna indica 'Australia' 인디언칸나 '오스트랄리아' 026
Canna indica 'Futurity Orange' 인디언칸나 '퓨처리티 오렌지' 143
Canna indica 'Futurity Red' 인디언칸나 '퓨처리티 레드' 143
Canna indica 'Purpurea' 인디언칸나 '푸르푸레아' 032
Canna indica 'Vanilla Cream' 인디언칸나 '바닐라 크림' 143
Cardamine heptaphylla 카르다미네 헵타필라 117
Cardamine pratensis 꽃냉이 117
Carex 사초 111
Carex testacea 오렌지사초 058, 128
Carex testacea 'Prairie Fire' 오렌지사초

'프레리 파이어' 057, 060, 254
Caryopteris 층꽃나무 048
Caryopteris clandonensis 'Heavenly Blue' 층꽃나무 '헤븐리 블루' 051
Chionodoxa 키오노독사 050, 085, 095, 109, 111, 112, 115, 141, 149, 151, 159, 208
Chionodoxa forbesii 키오노독사 포르베시이(키오노독사 포르베시) 165
Chionodoxa forbesii 'Blue Giant' 키오노독사 포르베시이 '블루 자이언트' 028, 029, 045, 051, 112, 115, 135, 139, 235
Chionodoxa forbesii 'Pink Giant' 키오노독사 포르베시이 '핑크 자이언트' 029, 063, 159
Chionodoxa forbesii 'Violet Beauty' 키오노독사 포르베시이 '바이올렛 뷰티' 158, 159, 160
Chionodoxa luciliae 키오노독사 루실리에 (키오노독사 루킬리아이) 029, 159, 165
Chionodoxa luciliae 'Alba' 키오노독사 루실리에 '알바' 029, 156, 159
Chionodoxa sardensis 키오노독사 사르덴시스 028, 029, 108, 157, 165, 235
Colchicum 콜키쿰 027, 095, 125, 127
Colchicum 'Waterlily' 콜키쿰 '워터릴리' 065, 067, 125, 260
Colchicum 'Lilac Wonder' 콜키쿰 '라일락 원더' 125
Colchicum autumnale 콜키쿰 아우툼날레 035

Colchicum autumnale 'Album' 콜키쿰 아우툼날레 '알붐' 125

Coreopsis verticillata 'Moonbeam' 솔잎금계국 '문빔' 051

Corydalis 코리달리스(현호색속) 071, 085, 095, 149, 151

Corydalis cava 코리달리스 카바 167

Corydalis solida 코리달리스 솔리다 (솔리다현호색) 071, 167

Corydalis solida 'Beth Evans' 코리달리스 솔리다 '베스 에반스' 167

Crocosmia 크로코스미아(애기범부채속) 047, 048, 055, 068, 077

Crocosmia 'George Davison' 크로코스미아 '조지 데이비슨' 056

Crocosmia 'Paul's Best Yellow' 크로코스미아 '폴스 베스트 옐로' 051

Crocosmia 'Twilight Fairy Crimson' 크로코스미아 '트와일라이트 페어리 크림슨' 059

Crocus 크로커스 020, 021, 025, 029, 037, 085, 093, 095, 107, 109, 111, 112, 115, 125, 127, 135, 141, 149, 151, 164, 165, 187, 235

Crocus 'Yalta' 크로커스 '얄타' 107, 157

Crocus chrysanthus 크로커스 크리산투스 (크로커스 크리산투스) 159

Crocus chrysanthus 'Ard Schenk' 크로커스 크리산투스 '아드 셍크' 159

Crocus chrysanthus 'Blue Pearl' 크로커스 크리산투스 '블루펄'(크로커스 '블루펄') 157

Crocus chrysanthus 'Cream Beauty' 크로커스 크리산투스 '크림 뷰티' 028, 236

Crocus chrysanthus 'Dorothy' 크로커스 크리산투스 '도로시' 157, 159

Crocus chrysanthus 'Goldilocks' 크로커스 크리산투스 '골딜락스' 157

Crocus chrysanthus 'Gipsy Girl' 크로커스 크리산투스 '집시 걸' 159

Crocus chrysanthus 'Snow Bunting' 크로커스 크리산투스 '스노 번팅' 156, 159

Crocus flavus 'Golden Yellow' 크로커스 플라부스 '골든 옐로' 157, 161

Crocus sieberi 'Firefly' 크로커스 시베리 '파이어플라이' 107

Crocus speciosus 크로커스 스페시오수스 035, 127, 261

Crocus speciosus 'Albus' 크로커스 스페시오수스 '알부스' 261

Crocus speciosus 'Conqueror' 크로커스 스페시오수스 '컨쿼러' 126

Crocus tommasinianus 크로커스 토마시니아누스 160

Crocus tommasinianus 'Barr's Purple' 크로커스 토마시니아누스 '바스 퍼플' 107, 160, 236

Crocus tommasinianus 'Ruby Giant' 크로커스 토마시니아누스 '루비 자이언트' 137, 141, 160

Crocus tommasinianus 'Whitewell Purple' 크로커스 토마시니아누스 '화이트웰 퍼플' 157, 160

Crocus vernus 크로쿠스 베르누스
(베르누스크로커스) 160

Crocus vernus 'Grand Maitre' 크로쿠스
베르누스 '그랑 메트르' 107

Crocus vernus 'Jeanne d'Arc' 크로쿠스
베르누스 '잔다르크'(크로커스
'잔다르크') 139, 141, 156, 160, 237

Crocus vernus 'Pickwick' 크로쿠스
베르누스 '픽윅'(베르누스크로커스
'픽윅') 160

Crocus vernus 'Remembrance' 크로쿠스
베르누스 '리멤브런스'
(베르누스크로커스 '리멤버런스') 157,
160

Crocus vernus 'Vanguard' 크로쿠스
베르누스 '뱅가드' 106, 157, 237

Cyclamen 시클라멘 027, 071, 095, 125,
127

Cyclamen cilicium 시클라멘 실리시움
(킬리키움시클라멘) 127

Cyclamen coum 시클라멘 코움
(코움시클라멘) 034, 035, 261

Cyclamen hederifolium 시클라멘
헤데리폴리움(헤데리폴리움시클라멘)
035, 127

(D)

Dahlia 다알리아 021, 045, 058, 063, 065,
077, 095, 131, 174, 176, 181, 199

Dahlia 'Bishop of Canterbury' 다알리아
'비숍 오브 캔터베리' 024

Dahlia 'Bishop of Llandaff' 다알리아
'비숍 오브 란다프' 264

Dahlia 'Bishop of Oxford' 다알리아
'비숍 오브 옥스퍼드' 057, 061

Dahlia 'Bishop of York' 다알리아
'비숍 오브 요크' 172

Dahlia 'Bluetiful' 다알리아 '블루티풀'
024

Dahlia 'Chat Noir' 다알리아 '샤 누와르'
053

Dahlia 'Glorie van Noordwijk' 다알리아
'글로리에 판노드백' 056

Dahlia 'Honka' 다알리아 '홍카' 053

Dahlia 'Honka Pink' 다알리아 '홍카 핑크'
254

Dahlia 'HS Wink' 다알리아 'HS 윙크'
168

Dahlia 'Karma Choc' 다알리아 '카르마
초크' 076

Dahlia 'Karma Lagoon' 다알리아
'카르마 라군' 066

Dahlia 'Moonfire' 다알리아 '문파이어'
041

Dahlia 'Teesbrook Audrey' 다알리아
'티스브룩 오드리' 043

Doronicum orientale 도로니쿰 오리엔탈레
117

(E)

Eranthis 노랑너도바람꽃(너도바람꽃속)
071, 085, 093, 111, 112, 149, 151

식물 목록   285

Eranthis hyemalis 노랑너도바람꽃 054,
262
Erigeron mucronatus 에리게론
무크로나투스 155
Erythronium 얼레지 073, 085, 149, 151
Erythronium 'Pagoda' 얼레지 '파고다'
070
Eucomis 유코미스속 143, 145, 176
Eucomis bicolor 유코미스 비콜로르 033,
145
Eucomis comosa 유코미스 코모사 033
Eucomis comosa 'Playa Blanca' 유코미스
코모사 '플라야 블랑카' 145
Eucomis comosa 'Sparkling Burgundy'
유코미스 코모사 '스파클링 버건디'
032, 144, 145
Euphorbia 유포르비아(대극속) 047, 053,
055, 112, 190
Euphorbia amygdaloides var. *robbiae*
유포르비아 아미그달로이데스 로비에
112
Euphorbia characias subsp. *Wulfenii*
유포르비아 카라시아스 울페니이 112
Euphorbia cyparissias 'Fens Ruby' 솔잎대극
'펜스 루비' 118
Euphorbia myrsinites 유포르비아
미르시니테스 047
Euphorbia polychroma 'Bonfire'
유포르비아 폴리크로마 '본파이어' 118

(F)

Festuca 페스투카(김의털속) 045
Fritillaria 패모속 037, 085, 149
Fritillaria imperialis 왕패모(프리티랄리아
임페리알리스) 073, 085, 091, 149, 151
Fritillaria imperialis 'Aurora' 왕패모
'오로라' 072
Fritillaria imperialis 'Sunset' 왕패모 '선셋'
057
Fritillaria meleagris 사두패모 073, 085,
149, 151, 169

(G)

Galanthus 설강화(속) 025, 037, 073, 083,
085, 093, 0109, 110, 111, 112, 113, 149,
151, 259
Galanthus elwesii var. *monostictus*
엘위스설강화 034, 035, 262
Galanthus nivalis 설강화 261, 263
Gaura lindheimeri 'Snowbird' 가우라
'스노버드' 057, 060, 224
Geranium 숙근제라늄 055, 123
Geranium 'Johnson's Blue' 숙근제라늄
'존슨스 블루' 067
Geranium 'Rozanne' 숙근제라늄 '로잔'
232
Geranium cinereum 게라니움 시네레움
127
Geranium endressii 게라니움 엔드레시이
115
Geranium endressii 'Wargrave Pink'

게라니움 엔드레시이 '워그레이브 핑크'
122
Geranium macrorrhizum 게라니움
마크로리줌(제라늄 마크로리줌) 115
Geranium magnificum 게라니움
마그니피쿰 043, 123
Geranium sanguineum 'Max Frei'
피뿌리쥐손이 '막스 프레이' 127
Geranium tuberosum 게라니움 투베로숨
029, 157, 238
Geum 뱀무 058
Geum 'Prinses Juliana' 뱀무 '프린세스
율리아나' 057, 059
Gladiolus 글라디올러스 021, 047
Gladiolus callianthus 글라디올루스
칼리안투스 045
Gladiolus callianthus 'Murielae'
글라디올루스 칼리안투스 '무리엘레'
032, 033, 137, 173, 224, 255
Gladiolus colvillei 글라디올루스 콜빌레이
033
Gladiolus nanus 글라디올루스 나누스
033
Gladiolus nanus 'Nymph' 글라디올루스
나누스 '님프' 032
Gladiolus primulinus 글라디올루스
프리뮬리누스 033

(H)

Helichrysum petiolare 'Silver' 헬리크리슘
페티올라레 '실버' 145

Heliotropium 헬리오트로피움속 255
Helleborus orientalis 헬레보루스
오리엔탈리스 006, 112
Hemerocallis 원추리 043
Hesperis matronalis 헤스페리스
마트로날리스 118
Heuchera 휴케라 045, 047
Hosta 호스타(비비추속) 045, 047, 123
Hyacinthoides 블루벨 031, 047, 073,
085, 095, 112, 117, 149, 153, 166
Hyacinthoides hispanica 스페인블루벨 160,
169
Hyacinthoides hispanica 'Alba'
스페인블루벨 '알바' 169
Hyacinthoides hispanica 'Rosea'
스페인블루벨 '로세아' 169
Hyacinthus 히아신스 050, 085, 087,
149, 153, 178
Hyacinthus 'Blue Festival' 히아신스
'블루 페스티벌' 137
Hyacinthus 'Pink Festival' 히아신스
'핑크 페스티벌' 030, 137, 238
Hyacinthus multiflora 'Blue Pearl' 히아신스
'블루 펄' 051

(I)

Iberis sempervirens 이베리스 셈페르비렌스
112
Incarvillea delavayi 잉카르빌레아
델라바이이(잉카르빌레아 델라바이)
033

식물 목록   287

Ipheion 향기별꽃(속) 095, 149, 153, 238
Ipheion uniflorum 향기별꽃 239
Ipheion uniflorum 'Alberto Castillo'
  향기별꽃 '알베르토 카스틸로' 156
Ipheion uniflorum 'Rolf Fiedler' 향기별꽃
  '롤프 피들러' 157
Ipheion uniflorum 'Wisley Blue' 향기별꽃
  '위슬리 블루' 157

(J)

Juniperus 향나무속 047

(K)

Kniphofia 니포피아속 058
Kniphofia 'Fireglow' 니포피아 '파이어글로'
  057, 059

(L)

Lamium 라미움 112
Lamium galeobdolon 'Hermann's Pride'
  라미움 갈레옵돌론 '헤르만스
  프라이드' 113
Lamium maculatum 'White Nancy' 라미움
  마쿨라툼 '화이트 낸시' 112
Lavandula 라벤더 045, 155
Leucojum 은방울수선 085, 093, 117,
  119, 149, 153
Leucojum aestivum 'Gravetye Giant'
  은방울수선 '그레이브타이 자이언트'

109
Liatris spicata 리아트리스 스피카타 146
Lilium 백합 073, 077, 095, 153
Lilium 'Brunello' 백합 '브루넬로' 094
Lilium 'Casa Blanca' 백합 '카사 블랑카'
  256
Lilium 'Helvetia' 백합 '헬베티아' 042
Lilium 'Lollypop' 백합 '롤리팝' 037
Lilium 'Orange Cocotte' 백합 '오렌지
  코코트' 257
Lilium bulbiferum 릴리움 불비페룸,
  오렌지릴리 019
Lilium candidum 마돈나릴리, 릴리움
  칸디둠 019, 073, 077
Lilium martagon 마르타곤나리 018, 019,
  045, 073, 077, 256
Lilium martagon 'Album' 마르타곤나리
  '알붐' 070
Lilium tigrinum 'Splendens' 참나리
  '스플렌덴스' 056
Liriope muscari 맥문동 113, 126
Lobelia 로벨리아 255
Lunaria annua 루나리아 아누아 065, 118
Lunaria annua 'Chedglow' 루나리아
  아누아 '체드글로' 065
Lunaria rediviva 루나리아 레디비바 118
Lychnis 우단동자꽃(*Lychnis coronaria*)
  045
Lythrum virgatum 리트룸 비르가툼 065

(M)

Meconopsis cambrica 웨일스양귀비 043, 052

Milium effusum 'Aureum' 밀리움 에푸숨 '아우레움' 043

Muscari 무스카리 021, 031, 037, 047, 050, 085, 093, 111, 112, 117, 119, 135, 141, 149, 153, 160, 169, 178, 208, 238, 240

Muscari 'Pink Sunrise' 무스카리 '핑크 선라이즈' 240

Muscari 'Siberian Tiger' 무스카리 '시베리안 타이거' 156

Muscari 'Valerie Finnis' 무스카리 '발레리 피니스' 051, 139, 141, 157, 240

Muscari armeniacum 무스카리 아르메니아쿰 046, 134, 160

Muscari armeniacum 'Baby's Breath' 무스카리 아르메니아쿰 '베이비스 브레스' 169

Muscari armeniacum 'Big Smile' 무스카리 아르메니아쿰 '빅 스마일' 169

Muscari armeniacum 'Esther' 무스카리 아르메니아쿰 '에스더' 140

Muscari aucheri 'Magic White' 무스카리 아우케리 '매직 화이트' 030

Muscari azureum 무스카리 아주레움 046, 157, 160, 240

Muscari azureum 'Album' 무스카리 아주레움 '알붐' 160

Muscari botryoides 'Album' 무스카리 보트리오이데스 '알붐' 156, 160

Muscari botryoides 'Super Star' 무스카리 보트리오이데스 '수퍼 스타' 157

Muscari latifolium 무스카리 라티폴리움 240

(N)

Narcissus 수선화 021, 043, 045, 075, 085, 087, 093, 109, 112, 113, 115, 117, 118, 119, 135, 141, 149, 153, 160, 177, 178, 208, 243

Narcissus 'Baby Moon' 수선화 '베이비 문' 160

Narcissus 'Dove Wings' 수선화 '도브 윙즈' 243

Narcissus 'Elka' 수선화 '엘카' 243

Narcissus 'Geranium' 수선화 '제라늄' 244

Narcissus 'Hawera' 수선화 '하위라' 160

Narcissus 'Jack Snipe' 수선화 '잭 스나이프' 109, 135, 244

Narcissus 'Jetfire' 수선화 '제트파이어' 109, 135

Narcissus 'Kaydee' 수선화 '케이디' 109

Narcissus 'Mount Hood' 수선화 '마운트 후드' 043

Narcissus 'Rapture' 수선화 '랩처' 109

Narcissus 'Reggae' 수선화 '레게' 109

Narcissus 'Sabine Hay' 수선화 '사빈 헤이' 053

Narcissus 'Segovia' 수선화 '세고비아' 135

Narcissus 'Silver Chimes' 수선화 '실버 차임스' 141

Narcissus 'Tête-à-Tête' 수선화 '테트아테트'

(수선화 '테이트어테이트') 109

Narcissus 'Topolino' 수선화 '토폴리노' 245

Narcissus 'W.P. Milner' 수선화 'W.P. 밀너' 135, 160

Narcissus × *odorus* 'Regulosus' 나르시수스 오도루스 '래굴로수스' 054

Nectaroscordum 넥타로스코르둠 170

Nectaroscordum siculum 넥타로스코르둠 시쿨룸 241

Nerine 네리네 079, 095, 253

Nerine 'Elegance' 네리네 '엘레강스' 078

Nigella 니겔라 232

O

Ornithogalum nutans 오르니토갈룸 누탄스 (누탄스오니소갈룸) 169

Ornithogalum ponticum 'Sochi' 오르니토갈룸 폰티쿰 '소치' 171

Ornithogalum umbellatum 오르니토갈룸 움벨라툼(움벨라툼오니소갈룸) 170

Oxalis 옥살리스(괭이밥속) 033, 145

Oxalis deppei 옥살리스 데페이 033

Oxalis lasiandra 옥살리스 라시안드라 033

Oxalis regnellii 옥살리스 레그넬리이 033

Oxalis triangularis 나비사랑초 033, 137

Oxalis violacea 옥살리스 비올라세아 154

P

Pachyphragma macrophyllum 파키프라그마 마크로필룸 110, 113

Panicum 큰개기장(*Panicum virgatum*) 045

Panicum virgatum 'Fontäne' 큰개기장 '폰테네' 180

Pennisetum 'Karley Rose' 오리엔탈수크령 '칼리 로즈' 057

Pennisetum setaceum 'Rubrum' 페니세툼 세타세움 '루브룸' 043, 053, 145

Pennisetum villosum 털수크령 180

Perovskia 페로브스키아 045

Plectranthus fruticosus 'Variegatus' 플렉트란투스 프루티코수스 '바리에가투스' 145

Primula elatior 프리물라 엘라티오르 119

Pulmonaria 풀모나리아 045, 119

Pulmonaria 'Majesté' 풀모나리아 '마제스테' 045

Puschkinia 푸시키니아 031, 085, 095, 149, 153, 208

Puschkinia scilloides var. *libanotica* 푸시키니아 실로이데스 리바노티카 161

Puschkinia scilloides var. *libanotica* 'Alba' 푸시키니아 실로이데스 리바노티카 '알바' 156, 161

Pycnanthemum 피크난테움 058

Pycnanthemum tenuifolium 피크난테움 테누이폴리움 060

R

Ricinus communis 피마자 264
Rudbeckia hirta 'Prairie Sun' 루드베키아 히르타 '프레리 선'(수잔루드베키아 '프레리 선') 180
Rudbeckia triloba 'Prairie Glow' 애기루드베키아 '프레리 글로' 058, 059

S

Salvia 살비아 048, 230, 255
Salvia nemorosa 살비아 네모로사 124, 232
Salvia nemorosa 'Caradonna' 살비아 네모로사 '카라도나' 124
Salvia nemorosa 'Mainacht' 살비아 네모로사 '마이나흐트' 065, 124
Salvia nemorosa 'Ostfriesland' 살비아 네모로사 '오스트프리슬란트' 065, 124
Salvia uliginosa 살비아 울리기노사 051
Scabiosa caucasica 'Perfecta' 코카서스체꽃 '퍼펙타' 051
Scilla 실라 031, 047, 075, 085, 093, 109, 113, 115, 149, 153, 208
Scilla bifolia 실라 비폴리아 156
Scilla bifolia 'Alba' 실라 비폴리아 '알바' 156
Scilla bifolia 'Rosea' 실라 비폴리아 '로세아' 156
Scilla mischtschenkoana 실라 미스첸코아나 (실라 미스크츠켄코아나) 112, 113, 210
Scilla siberica 실라 시베리카 030, 156, 241
Scilla siberica 'Alba' 실라 시베리카 '알바' 156
Stipa tenuissima 가는잎나래새 130, 139
Smyrnium perfoliatum 스미르니움 페르폴리아툼(스미르니움 퍼르폴리아툼) 052, 119
Stachys 램스이어(*Stachys byzantina*) 045
Sternbergia 스테른베르기아 125
Sternbergia lutea 스테른베르기아 루테아 034, 035, 128, 263

T

Triteleia 트리텔레이아 033, 045
Triteleia laxa 트리텔레이아 락사 035
Tulbaghia violacea 툴바기아 비올라세아 035
Tulipa 'Aladdin' 튤립 '알라딘' 103
Tulipa 'Apeldoorn' 튤립 '아펠도른' 103
Tulipa 'Apricot Beauty' 튤립 '애프리콧 뷰티' 100, 101
Tulipa 'Apricot Parrot' 튤립 '애프리콧 패럿' 124
Tulipa 'Ballade' 튤립 '발라드' 102, 103, 120
Tulipa 'Ballerina' 튤립 '발레리나' 060, 102, 105, 152
Tulipa 'Beauty of Apeldoorn' 튤립 '뷰티 오브 아펠도른' 105
Tulipa 'Black Hero' 튤립 '블랙 히어로' 008, 100, 103

Tulipa 'Black Parrot' 튤립 '블랙 패럿' 103
Tulipa 'Burgundy' 튤립 '버건디' 103
Tulipa 'Burgundy Lace' 튤립 '버건디 레이스' 103
Tulipa 'Candela' 튤립 '칸델라' 105
Tulipa 'Carnaval de Nice' 튤립 '카르나발 드 니스' 092, 103
Tulipa 'Couleur Cardinal' 튤립 '쿨뢰르 카르디날' 103
Tulipa 'Daydream' 튤립 '데이드림' 006, 105
Tulipa 'Don Quichotte' 튤립 '돈키호테' 101
Tulipa 'Flaming Flag' 튤립 '플레이밍 플래그' 074
Tulipa 'Flaming Purissima' 튤립 '플레이밍 푸리시마' 101
Tulipa 'Flashback' 튤립 '플래시백' 096, 105
Tulipa 'Golden Apeldoorn' 튤립 '골든 아펠도른' 105
Tulipa 'Golden Parade' 튤립 '골든 퍼레이드' 105
Tulipa 'Grand Perfection' 튤립 '그랜드 퍼펙션' 105
Tulipa 'Green Wave' 튤립 '그린 웨이브' 124
Tulipa 'Happy Generation' 튤립 '해피 제너레이션' 103
Tulipa 'Helmar' 튤립 '헬마' 019, 105
Tulipa 'Holland Chic' 튤립 '홀랜드 시크' 103
Tulipa 'Ivory Floradale' 튤립 '아이보리 플로라데일' 105
Tulipa 'Jacqueline' 튤립 '자클린' 101, 248
Tulipa 'Jewel of Spring' 튤립 '주얼 오브 스프링' 105
Tulipa 'Juliette' 튤립 '줄리에트' 105
Tulipa 'Mariette' 튤립 '마리에트' 101, 248
Tulipa 'Marilyn' 튤립 '마릴린' 102, 103
Tulipa 'Maureen' 튤립 '모린' 101, 249
Tulipa 'Menton' 튤립 '망통' 101, 124
Tulipa 'Mistress' 튤립 '미스트리스' 100, 101
Tulipa 'Mount Tacoma' 튤립 '마운트 타코마' 101
Tulipa 'Negrita' 튤립 '네그리타' 103
Tulipa 'Orange Emperor' 튤립 '오렌지 엠퍼러' 105
Tulipa 'Orange Princeps' 튤립 '오렌지 프린셉스' 056
Tulipa 'Parade' 튤립 '퍼레이드' 062, 103
Tulipa 'Prinses Irene' 튤립 '프린세스 이레이너' 105
Tulipa 'Purissima' 튤립 '푸리시마' 043, 101
Tulipa 'Purple Dream' 튤립 '퍼플 드림' 082, 103
Tulipa 'Recreado' 튤립 '레크레아도' 103
Tulipa 'Red Shine' 튤립 '레드 샤인' 103
Tulipa 'Renown' 튤립 '리나운' 124
Tulipa 'Rococo' 튤립 '로코코' 103

Tulipa 'Ronaldo' 튤립 '로날도' 103

Tulipa 'Shirley' 튤립 '셜리' 103

Tulipa 'Spring Green' 튤립 '스프링 그린' 043, 101

Tulipa 'Verona' 튤립 '베로나' 100, 101

Tulipa 'Violet Beauty' 튤립 '바이올렛 뷰티' 103

Tulipa 'West Point' 튤립 '웨스트 포인트' 105

Tulipa 'White Triumphator' 튤립 '화이트 트라이엄페이터' 042, 060, 100, 101, 152

Tulipa 'World Expression' 튤립 '월드 익스프레션' 019

Tulipa 'Yellow Maureen' 튤립 '옐로 모린' 105

Tulipa 'Yellow Purissima' 튤립 '옐로 푸리시마' 105

Tulipa bakeri 'Lilac Wonder' 튤리파 바케리 '라일락 원더' 138, 141

Tulipa clusiana 'Lady Jane' 튤리파 클루시아나 '레이디 제인' 137

Tulipa clusiana 'Peppermint Stick' 튤리파 클루시아나 '페퍼민트 스틱' 135, 247

Tulipa kaufmannianaa 'Ice Stick' 튤리파 카우프마니아나 '아이스 스틱' 247

Tulipa praestans 'Shogun' 튤리파 프레스탄스 '쇼군' 060

Tulipa saxatilis 튤리파 삭사틸리스 022

Tulipa sylvestris 튤리파 실베스트리스 054, 119

Tulipa turkestanica 튤리파 투르케스타니카 (툴리파 투르게스타니카) 119, 135, 161, 162

Tulipa urumiensis 툴리파 우루미엔시스 (툴리파 우르미아) 161

V

Verbena bonariensis 버들마편초 066

Viburnum 월계분꽃나무(*Viburnum tinus*) 055

Viola labradorica 비올라 라브라도리카 115

Viola odorata 향기제비꽃 115

Z

Zephyranthes candida 흰색나도사프란 034, 035, 154, 157, 257

구근식물 식재디자인 Growing Bulbs in the Natural Garden

지은이　자클린 판데어클루트
옮긴이　최경희

1판 1쇄 펴낸날 2024년 3월 11일

펴낸이　전은정
펴낸곳　목수책방
출판신고　제25100-2013-000021호

대표전화　070 8151 4255
팩시밀리　0303 3440 7277
이메일　moonlittree@naver.com
블로그　post.naver.com/moonlittree
페이스북 인스타그램　moksubooks
스마트스토어　smartstore.naver.com/moksubooks

디자인　studio fttg
제작　야진북스

ISBN 979-11-88806-51-5 (13520)
가격 25,000원

사진 Photography : 아래의 사진을 제외하고 모두 Jacqueline van der Kloet.
Miek Stap　10쪽, 32쪽 1번 3번, 42쪽 4번, 54쪽 2번, 56쪽 2번 3번, 66쪽, 70쪽 1번, 76쪽, 94쪽, 144쪽, 168쪽, 172쪽 2번, 224쪽, 264~265쪽
Thérèse van der Lely　1쪽, 20쪽, 22쪽, 30쪽 3번, 46쪽 4번, 64쪽 2번, 74쪽, 84쪽, 126쪽, 134쪽, 176쪽 1번, 228쪽, 240쪽, 247쪽, 250쪽, 258쪽, 263쪽 왼쪽
Piet Oudolf　214쪽 아래
Martin Stevens　154쪽 위, 164쪽, 166쪽
Clumber Park　204쪽, 210~211쪽
Colorblends　88쪽
Rijksmuseum Amsterdam　16쪽, 18쪽
Shutterstock　46쪽 1번, 110쪽 2번, 252쪽 오른쪽
Hélène Lesger　36쪽, 138쪽, 140쪽, 142쪽

일러스트레이션 Illustrations :
Studio Suzan Schapendonk, studio@suzan schapendonk.nl
장서윤　부록 수선화 그림

Growing Bulbs in the Natural Garden:
Innovative Techniques for Combining Bulbs and Perennials in Every Season
by Jacqueline van der Kloet
© 2022 Jacqueline van der Kloet
© 2022 produced and published by HL Books, Amsterdam, info@hlbooks.nl
All Rights reserved.

Korean translation edition © 2024 Moksu Publishing Company
Published by arrangement with HL Books
Through Bestun Korea Agency
All rights reserved.

이 책의 한국어 판권은 베스툰 코리아 에이전시를 통하여 저작권자와 독점 계약한 목수책방에 있습니다. 저작권법에 의해 한국 내에서 보호를 받는 저작물이므로 어떠한 형태로든 무단 전재와 무단 복제를 금합니다.

목수책방의 정원 도서

생명의 정원

세계 최고의 정원디자이너
메리 레이놀즈가 알려 주는
야생 정원 만들기의 모든 것

메리 레이놀즈 지음

김민주·김우인·박아영 옮김

땅을 건강하게 회복시켜, 땅과 인간이
다시 연결되어 협력하며 생명의 '숲정원'을
만들 수 있는 방법을 알려 주는 책이다.
정원을 가꾸는 일이 자연과 친밀한 관계를
맺는 일임을 강조하며, 우리의 삶과 땅을
깨우는 '새로운' 정원디자인의 세계로
이끌어 준다.

서울 골목길 비밀정원 (개정판)

동네 동산바치들이 만든
소박한 정원 이야기

김인수 지음

오직 자연과 식물을 사랑하는 마음으로
자발적으로 만들어지고 유지되는 동네
동산바치들의 소박하고 우아한 정원이
이 책의 주인공이다. 오랜 세월 이어지는
소시민들의 생활밀착형 정원이야말로
서울을 숨 쉬게 하는 아름답고 오래된
미래의 정원이다.

자연정원을 위한 꿈의 식물

피트 아우돌프·헹크 헤릿선 지음

오세훈·이대길·최경희 옮김

'새로운 여러해살이풀 심기 운동'을 일으킨
두 명의 선구적인 정원 디자이너가
함께 쓴 여러해살이풀 안내서다.
여러해살이풀들을 이용해 생명력
넘치는 아름다운 '자연정원'을 만들려는
이들에게 영감과 도움을 주는 책이다.

정원 잡초와 사귀는 법

오가닉 가든 핸드북

히키치가든서비스 지음, 양지연 옮김

해롭고 성가신 존재로 취급받는 '잡초'를
건강한 생태계를 위한 중요한 동료로
바라보게 해 주며, 정원 식물에 기대어
사는 다양한 생명들과 함께 공존하며
건강하고 아름다운 정원을 만드는 법에
관한 실용적이고 풍부한 정보를 제공하는
책이다.

베케, 일곱 계절을 품은 아홉 정원

김봉찬·고설·신준호 지음

우리나라의 대표적인 생태·자연주의
정원으로 손꼽히는 제주 '베케'의 일곱
계절과 아홉 정원 이야기를 담은 책.
사람과 자연이 서로를 품어 주며 하나가
되는 공간을 꿈꾸는 베케정원은 우리에게
다시 정원의 의미와 존재 가치를 묻는다.

정원도시 부여의
마을 동산바치 이야기
김인수·김혜경 지음

정원도시 부여에서 만난 동네 동산바치들의 소박하고 아름다운 정원 이야기를 담은 책. 개인의 식물 가꾸기가 어떻게 마을 공동체에 영향을 주는지도 보여 주며, 부여가 자랑하는 소중한 생태·문화 자산 정보도 소개한다.

후멜로
피트 아우돌프의 삶과 정원
피트 아우돌프·노엘 킹스버리 지음
최경희·오세훈 옮김

네덜란드 시골 마을 후멜로에서 시작하여 세계적인 식물·정원전문가로 성장한 피트 아우돌프가 지나온 삶의 여정을 살피며, 그가 선구적 역할을 한 여러해살이풀 중심의 자연주의 식재 트렌드가 어떻게 변화해 왔는지도 살핀다.

동반식물로 가꾸는 텃밭·정원 안내서
제시카 월리서 지음, 별난 농부들 옮김

병충해와 잡초를 줄이고, 지력을 높이며, 토양구조를 개선하고, 이로운 곤충과 수분 매개 곤충을 불러들이는 방법으로 건강한 텃밭·정원을 만들고 싶은 이들을 위한 책으로, 과학적 연구에 근거한 동반식물 재배 전략을 소개한다.

찍박골정원
신나는 실패가 키운 나의 정원 이야기
김경희 지음

인제 찍박골정원을 만들고 가꾸는 정원사가 식물과 정원에 '진심'인 사람들에게 전하는 '발로 배운 가드닝'에 관한 기록이다. 10년에 걸쳐 아홉 개의 정원 조성하며 겪었던 '소중한 실패'와 그 실패로부터 배운 가드닝 지식이 담겨 있다.